ASCANIO.

PARIS. IMPRIMÉ PAR BÉTHUNE ET PLON,
RUE DE VAUGIRARD, 36.

ASCANIO,

PAR

ALEXANDRE DUMAS.

III.

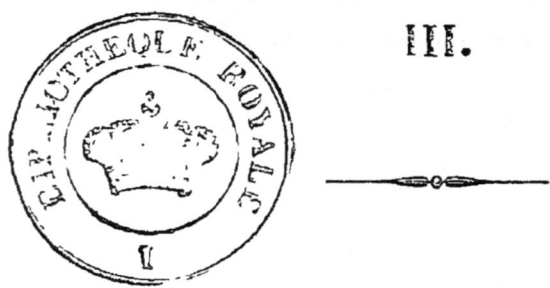

PARIS.

PÉTION, ÉDITEUR COMMISSIONNAIRE,
11, RUE DU JARDINET.

M DCCC XLIV.

ASCANIO.

CHAPITRE PREMIER.

AMOUR RÊVE.

Dès qu'Ascanio fut hors de la présence de madame d'Étampes, la prestigieuse influence que répandait cette femme se dissipa, et il vit clair en lui et autour de lui. Or, il se souvenait de deux choses qu'il avait dites : Colombe pouvait l'aimer puisque la duchesse d'Étampes l'aimait. Dès-lors sa vie ne lui appartenait plus, son instinct l'avait bien servi en lui soufflant ces deux idées, mais en lui inspirant de les dire il l'avait trompé. Si l'âme honnête et droite du jeune homme avait pu se résoudre à la dissimulation, tout était sauvé, mais il avait mis sur ses gardes l'amère et formidable duchesse. Maintenant c'était une guerre d'autant plus terrible qu'elle ne menaçait que Colombe.

Toutefois cette scène ardente et périlleuse avec Anne servit Ascanio en quelque chose. Il en rapportait je ne sais quelle exaltation et quelle confiance. Sa pensée, enivrée du spectacle auquel elle avait assisté ainsi que de ses propres efforts, était en train d'activité et d'audace ; si bien qu'il résolut bravement de savoir à quoi s'en tenir sur ses espérances et de pénétrer dans l'âme de Colombe, dût-il n'y trouver que l'indifférence. Si véritablement Colombe aimait le comte d'Orbec, à quoi bon lutter contre madame d'Étampes? Elle pourrait bien faire ce qu'elle voudrait d'une existence rebelle, rebutée, désolée, perdue. Il serait ambitieux, il deviendrait sombre et méchant, qu'importe? Mais avant tout il fallait ne pas s'en tenir au doute et entrer d'un pas déterminé au fond de sa destinée. En ce cas, l'engagement de madame d'Étampes lui répondait de l'avenir.

Ascanio prenait cette décision en revenant le long du quai et en regardant le soleil qui se couchait flamboyant derrière la tour de Nesle toute noire. Arrivé à l'hôtel, sans plus tarder ni hésiter il alla d'abord chercher quelques bijoux, puis vint résolument frapper quatre coups à la porte du Petit-Nesle.

Dame Perrine par bonheur se trouvait aux environs. Saisie d'étonnement et de curiosité elle se hâta d'aller ouvrir. Toutefois, en voyant l'apprenti, elle se crut obligée de lui faire froide mine.

— Ah! c'est vous, monsieur Ascanio, dit-elle; que demandez-vous?

— Je demande, ma bonne dame Perrine, à montrer tout de suite ces joyaux à mademoiselle Colombe. Est-elle au jardin?

— Oui, dans son allée. Mais attendez-moi donc, jeune homme.

Ascanio, qui n'avait pas oublié le chemin, marchait rapidement sans plus penser à la gouvernante.

— Voyons, au fait, se dit celle-ci en s'arrêtant pour se livrer à de profondes réflexions, je crois que le mieux est de ne pas les rejoindre et de laisser Colombe libre de choisir ses emplettes et ses cadeaux. Il ne sied pas que je sois là si, comme c'est probable, elle met à part pour moi quelque petit présent. J'arriverai quand elle aura seule terminé ses achats, et alors j'aurais certes bien mauvaise grâce à refuser. C'est cela, restons et ne gênons pas son bon cœur, à cette chère enfant.

On voit que la brave dame s'entendait en délicatesse.

Colombe, depuis dix jours, n'en était

plus à se demander si Ascanio était devenu sa plus chère pensée. L'ignorante et pure enfant ne savait pas ce que c'était que l'amour; mais l'amour remplissait son cœur. Elle se disait qu'il y avait du mal à se complaire dans ces rêves, mais elle se donnait pour excuse qu'elle ne reverrait certainement plus Ascanio et qu'elle n'aurait pas la consolation de se justifier à ses yeux.

Sous ce prétexte, elle passait toutes ses soirées sur le banc où elle l'avait vu assis près d'elle, et là elle lui parlait, elle l'écoutait, elle concentrait toute son âme dans ce souvenir; puis, quand l'ombre s'épaississait et que la voix de dame Perrine exigeait qu'on se retirât, la jolie rêveuse revenait à pas lents, et rappelée à elle-même se souvenait alors, mais alors seulement, des ordres de son père, du comte d'Orbec et du temps qui marchait. Ses insomnies étaient cruelles, mais pas assez pour effacer le charme de ses visions du soir.

Ce soir-là, comme à l'ordinaire, Colombe était en train de revivre l'heure délicieuse passée auprès d'Ascanio, quand relevant les yeux elle jeta un cri.

Il était debout devant elle, la contemplant en silence.

Il la trouvait changée, mais plus belle : la pâleur et la mélancolie allaient bien à sa figure idéale. Elle paraissait appartenir encore moins à la terre. Aussi Ascanio, en l'admirant plus charmante que jamais, retomba dans les modestes appréhensions que l'amour de madame d'Étampes avait un moment dissipées. Comment cette céleste créature pourrait-elle jamais l'aimer?

Ils étaient en face l'un de l'autre, ces deux admirables enfants qui s'aimaient depuis si long-temps sans se le dire, et qui s'étaient déjà tant fait souffrir. Ils devaient sans doute, en se retrouvant en présence, franchir en une minute l'espace qu'ils avaient séparément parcouru pas à pas dans leurs rêveries. Ils pouvaient maintenant s'expliquer tout d'abord, se trouver cœur à cœur tout de suite, et laisser éclater dans un premier élan de joie tous leurs sentiments jusque-là si péniblement comprimés.

Mais ils étaient tous deux trop timides pour cela, et bien que leur émotion en se revoyant les trahit l'un et l'autre, ce ne fut qu'après un détour que leurs âmes d'anges se rejoignirent.

Colombe, muette et rougissante, s'était levée par un mouvement soudain. Ascanio, pâle d'émotion, contenait d'une main tremblante les battements de son cœur.

Ils prirent tous deux à la fois la parole, lui pour dire : — Pardon, mademoiselle, vous m'aviez permis de vous montrer quelques bijoux; elle en disant : — Je vois avec joie que vous êtes entièrement remis, monsieur Ascanio.

Ils s'interrompirent en même temps ; mais, quoique leurs douces voix se fussent mêlées, ils avaient parfaitement entendu l'un et l'autre, car Ascanio, enhardi par le sourire involontaire que naturellement l'incident amena sur les lèvres de la jeune fille, répondit avec un peu plus d'assurance :

— Vous avez donc la bonté de vous rappeler encore que j'ai été blessé?

— Et nous avons été inquiètes et étonnées de ne pas vous revoir, dame Perrine et moi, reprit Colombe.

— Je ne voulais plus revenir.

— Et pourquoi donc?

Ascanio, à ce moment décisif, fut contraint de s'appuyer contre un arbre, puis il rassembla toutes ses forces et tout son courage, et d'une voix haletante il dit :

— Je puis maintenant vous l'avouer, je vous aimais.

— Et maintenant?

Ce cri échappa à Colombe : il eût dissipé tous les doutes d'un plus habile qu'Ascanio ; il ranima seulement un peu ses espérances.

— Maintenant, hélas! continua-t-il, j'ai mesuré la distance qui nous sépare, je sais que vous êtes l'heureuse fiancée d'un noble comte.

— Heureuse! interrompit Colombe en souriant amèrement.

— Comment! vous n'aimeriez pas le comte, grand Dieu! Oh! parlez, est-ce qu'il n'est pas digne de vous?

— Il est riche, il est puissant, il est bien au-dessus de moi; mais l'avez-vous vu déjà?

— Non, et j'ai craint d'interroger. D'ailleurs je ne sais pourquoi, mais j'avais la certitude qu'il était jeune et charmant et qu'il vous plaisait.

— Il est plus âgé que mon père et il me fait peur, dit Colombe en cachant son visage dans ses mains avec un geste de répulsion dont elle ne fut pas maîtresse.

Ascanio, éperdu de joie, tomba à genoux, les mains jointes, pâle et les yeux à demi fermés ; mais un regard sublime rayonnait sous sa paupière et un sourire beau à réjouir Dieu s'épanouissait sur ses lèvres décolorées.

— Qu'avez-vous, Ascanio ? dit Colombe effrayée.

— Ce que j'ai ! s'écria le jeune homme,

trouvant dans l'excès de la joie l'audace que lui avait d'abord donnée la douleur; ce que j'ai! Mais je t'aime, Colombe!

— Ascanio, Ascanio! murmura Colombe avec un accent de reproche et de plaisir, tendre il est vrai comme un aveu.

Mais ils s'étaient entendus; leurs cœurs s'étaient mêlés, et avant qu'ils s'en fussent aperçus leurs lèvres s'étaient confondues.

— Mon ami! dit Colombe, en repoussant doucement Ascanio.

Ils se regardèrent ainsi comme en extase; les deux anges se reconnaissaient. La vie n'a pas deux de ces moments-là.

— Ainsi, reprit Ascanio, vous n'aimez

pas le comte d'Orbec, vous pouvez m'aimer.

— Mon ami, dit Colombe de sa voix grave et douce, mon père seul jusqu'ici m'avait baisée au front, et bien rarement, hélas ! Je suis une enfant ignorante et qui ne sait rien de la vie ; mais j'ai senti au frémissement que votre baiser a causé en moi que c'était mon devoir de n'appartenir désormais qu'à vous ou au ciel. Oui, s'il en était autrement, je suis sûre qu'il y aurait crime ! Vos lèvres m'ont sacrée votre fiancée et votre femme, et mon père lui-même me dirait : Non, que je croirais seulement la voix de Dieu, qui dit en moi : Oui. Voici donc ma main, qui est à vous.

— Anges du paradis, écoutez-la et enviez moi ! s'écria Ascanio.

L'extase ne se peint ni ne se raconte.
Que ceux qui peuvent se souvenir se souviennent. Il est impossible de rapporter les paroles, les regards, les serrements de mains de ces deux purs et beaux enfants. Leurs âmes blanches se mêlaient comme deux sources bien limpides se confondent sans changer de nature et de couleur. Ascanio n'effleura pas de l'ombre d'une pensée mauvaise le front chaste de sa bien-aimée ; Colombe s'appuyait confiante sur l'épaule de son fiancé. La vierge Marie les eût regardés d'en haut qu'elle n'eût pas détourné la tête.

Quand on commence à aimer on se hâte de faire tenir dans son amour tout ce qu'on peut de sa vie, présent, passé, avenir. Dès qu'ils purent parler, Ascanio et Colombe se racontèrent toutes leurs douleurs, tous leurs doutes, toutes leurs espérances des derniers jours. C'était charmant. L'un pouvait dire l'histoire de l'autre. Ils avaient bien souffert, et en se rappelant leurs souffrances tous deux souriaient.

Mais ils en viennent à parler de l'avenir et alors ils deviennent sérieux et tristes. Qu'est-ce que Dieu leur gardait pour le lendemain? Selon les lois divines ils étaient faits l'un pour l'autre; mais les convenances humaines déclaraient leur union mal assortie, monstrueuse. Que faire? Comment persuader au comte d'Orbec de renoncer à sa femme, au prévôt de Paris de donner sa fille à un artisan?

— Hélas! mon ami, dit Colombe, je vous promettais de n'appartenir qu'à vous ou au ciel, je vois que c'est au ciel que j'appartiendrai.

— Non, dit Ascanio, c'est à moi. Deux enfants comme nous ne pourraient seuls remuer tout un monde, mais je parlerai à mon cher maître, à Benvenuto Cellini. C'est celui-là qui est puissant, Colombe, et qui voit de haut toutes choses! Oh! il agit sur la terre comme Dieu doit ordonner dans le ciel, et tout ce que sa volonté a marqué, il l'accomplit. Il te donnera à moi. Je ne sais pas comment il fera, mais j'en suis sûr. Les obstacles, il les aime. Il parlera à François Ier, il convaincra ton père. Benvenuto comblerait des abîmes. La seule chose qu'il n'aurait pu faire, tu l'as faite, sans qu'il s'en mêlât toi, tu m'as aimé. Le reste doit être simple. Vois-tu, ma bien aimée, à présent je crois aux miracles.

— Cher Ascanio, vous espérez, j'espère. Voulez-vous que, de mon côté, je tente quelque ehose? parlez! Il est quelqu'un qui peut tout sur l'esprit de mon père. Voulez-vous que j'écrive à madame d'Étampes?

— Madame d'Étampes! s'écria Ascanio. Mon Dieu, je l'avais oubliée!

Alors Ascanio, très-simplement et sans aucune fatuité, raconta comment il avait vu la duchesse, comment elle l'avait aimé, comment le jour même, une heure auparavant, elle s'était déclarée l'ennemie mortelle de celle qu'il aimait; mais quoi! la tâche de Benvenuto en serait un peu plus difficile, voilà tout. Ce n'était pas un adversaire de plus qui l'effraierait.

— Mon ami, dit Colombe, vous avez

foi en votre maître; moi, j'ai foi en vous.
Parlez à Cellini le plus tôt que vous pourrez, et qu'il dispose de notre sort.

— Dès demain je lui confierai tout. Il m'aime tant! il me comprendra tout de suite; mais qu'as-tu, ma Colombe? te voilà toute triste.

Chaque phrase du récit d'Ascanio avait fait sentir à Colombe son amour, en appuyant sur son cœur la pointe de la jalousie, et plus d'une fois elle avait serré convulsivement la main d'Ascanio qu'elle tenait dans les siennes.

— Ascanio, elle est belle, madame d'Étampes; elle est aimée d'un grand roi. N'a-t-elle laissé dans votre esprit aucune impression, mon Dieu?

— Je t'aime, dit Ascanio.

— Attendez-moi là, fit Colombe.

Elle revint un instant après avec un beau lis frais et blanc.

— Écoute, dit-elle, quand tu travailleras au lis d'or et de pierreries de cette femme, regarde quelquefois les simples lis du jardin de ta Colombe.

Et aussi coquettement que madame d'Étampes l'eût pu faire, elle mit sur la fleur un baiser et la donna à l'apprenti.

En ce moment dame Perrine apparut au bout de l'allée.

— Adieu et au revoir, dit précipitamment Colombe en posant sa main sur les lèvres de son amant, d'un geste furtif et plein de grâce.

La gouvernante s'approcha d'eux.

— Eh bien! mon enfant, dit-elle à Colombe, avez-vous bien grondé le fugitif et choisi de beaux bijoux?

— Tenez, dame Perrine, dit Ascanio en mettant dans la main de la bonne dame la boîte de joyaux qu'il avait apportée, mais qu'il n'avait pas même ouverte, nous avons décidé, mademoiselle Colombe et moi, que vous choisiriez vous-même là-dedans ce qui vous conviendrait le mieux, et que je viendrais demain reprendre les autres.

Là-dessus il s'enfuit avec sa joie, jetant

à Colombe un dernier regard qui lui disait tout ce qu'il avait à lui dire.

Colombe, de son côté, les mains en croix sur sa poitrine comme pour y renfermer le bonheur qu'elle contenait, resta immobile, pendant que dame Perrine faisait un choix parmi les merveilles qu'avait apportées Ascanio.

— Hélas! la pauvre enfant fut terriblement réveillée de ses doux songes.

Une femme se présenta accompagnée d'un des hommes du prévôt.

— Monseigneur le comte d'Orbec, qui revient après-demain, dit cette femme, me met dès aujourd'hui au service de madame. Je suis au courant des plus nouvelles et des plus belles façons d'habits, et j'ai reçu l'ordre de monseigneur le comte et de messire le prévôt de confectionner à madame une magnifique robe de brocart, madame la duchesse d'Étampes devant présenter madame à la reine, le jour du départ de Sa Majesté pour Saint-Germain, c'est-à-dire dans quatre jours.

Après la scène que nous venons de mettre sous les yeux du lecteur, on devine quelle désespérante impression cette double nouvelle produisit sur Colombe.

CHAPITRE II.

AMOUR IDÉE.

Le lendemain, au jour naissant, Ascanio, déterminé à remettre entre les mains du maître sa destinée, se dirigea vers la fonderie où Cellini travaillait tous les matins. Mais au moment où il allait frapper à la porte de la chambre que Benve-

nuto appelait sa cellule, il entendit la voix
de Scozzone. Il pensa que sans doute elle posait et se retira discrètement pour revenir
un peu après. En attendant, il se mit à se
promener dans le jardin du Grand-Nesle
et à réfléchir à ce qu'il dirait à Cellini, à
ce que probablement Cellini lui dirait.

Cependant Scozzone ne posait pas le
moins du monde; elle n'avait même jamais
mis le pied dans la cellule, où personne, au
grand désespoir de sa curiosité, n'avait
encore pénétré, et où Benvenuto ne souffrait pas qu'on le dérangeât. Aussi la colère du maître fut terrible lorsqu'en se
retournant il vit derrière lui Catherine,
ouvrant plus grands que jamais ses grands
yeux éveillés. Le désir de voir de l'indiscrète trouvait d'ailleurs peu à se satisfaire. Quelques dessins sur les murs, un

rideau vert devant la fenêtre, une statue d'Hébé commencée et une collection d'outils de sculpteur formaient tout l'ameublement de la chambre.

— Qu'est-ce que tu veux, petit serpent? Qu'est-ce que tu viens faire ici? Pour Dieu! tu me poursuivras donc jusqu'en enfer? s'était écrié Benvenuto à la vue de Catherine.

— Hélas! maître, dit Scozzone en faisant sa plus douce voix, je vous assure que je ne suis pas un serpent. J'avoue que pour ne pas vous quitter je vous suivrais volontiers, s'il le fallait, jusqu'en enfer, et je viens ici parce que c'est le seul endroit où l'on puisse vous parler en secret.

— Eh bien! dépêche; qu'as-tu à me dire?

— O mon Dieu! Benvenuto, dit Scozzone apercevant la statue ébauchée, quelle admirable figure! C'est votre Hébé. Je ne la croyais pas aussi avancée; qu'elle est belle!

— N'est-ce pas? fit Benvenuto.

— Oh! oui, bien belle, et je conçois que vous n'ayez pas voulu me faire poser pour cette nature-là. Mais qui donc vous a servi de modèle? continua Scozzone inquiète. Je n'ai vu entrer ni sortir aucune femme.

— Tais-toi. Voyons, chère petite, ce n'est pas assurément pour parler sculpture que tu es venue?

— Non, maître, c'est à propos de notre

Pagolo. Eh bien! je vous ai obéi, Benvenuto. Il a profité de votre absence, hier au soir, pour m'entretenir de son éternel amour, et selon vos ordres je l'ai écouté jusqu'au bout.

— Ah! oui-da, le traître! Et qu'est-ce qu'il te disait?

— Ah! il est à mourir de rire, et je voudrais pour je ne sais quoi que vous eussiez été là. Notez que pour ne laisser prise à aucun soupçon, il achevait tout en me parlant, l'hypocrite, le fermoir d'or que vous lui avez donné à faire, et la lime qu'il tenait à la main n'ajoutait pas peu au pathétique de ses discours. Chère Catherine, disait-il, je meurs d'amour pour vous; quand donc aurez-vous pitié de mon martyre? Un mot, je ne vous demande qu'un mot! Voyez enfin à quoi je m'expose pour vous : si je n'avais pas fini ce fermoir, le maître se douterait de quelque chose, et s'il se doutait de quelque chose il me tuerait sans miséricorde; mais je brave tout pour vos beaux yeux. Jésus! ce maudit ouvrage n'avance pas. Enfin, Catherine, à quoi cela vous sert-il d'aimer Benvenuto? il ne vous en sait pas plus de gré, il est toujours indifférent pour vous. Et moi je vous aimerais d'un amour si ardent et si prudent à la fois! Personne ne s'en apercevrait, vous ne seriez jamais compromise, allez, et vous pourriez compter sur ma discrétion à toute épreuve. Tenez, ajouta-t-il enhardi par mon silence, j'ai déjà trouvé un asile sûr et caché profondément où je pourrais vous entretenir sans crainte. — Ah! ah! vous ne devineriez jamais, Benvenuto, la cachette que le sournois avait choisie. Je vous le donne en cent, en mille; il n'y a que ces fronts baissés et ces yeux en dessous pour découvrir de pareils coins : il voulait loger nos amours, savez-vous où? dans la tête de votre grande statue de Mars. On y peut monter, dit-il, avec une échelle. Il assure qu'il y a là une fort jolie chambre où l'on n'est aperçu de personne, tout en ayant sur la campagne une vue magnifique.

— L'idée est triomphante, en effet, dit Benvenuto en riant : et qu'as-tu répondu à cela, Scozzone?

— J'ai répondu par un grand éclat de rire que je n'ai jamais pu retenir et qui a fort désappointé mons Pagolo. Il est parti de là pour être tres-touchant, pour me reprocher de n'avoir pas de cœur et de vouloir sa mort, etc., etc. Tout en s'escrimant du marteau et de la lime, il m'en a dit comme ça pendant une demi-heure, car il est joliment bavard quand il s'y met.

— Et finalement que lui as-tu répondu, Scozzone?

— Ce que je lui ai répondu? Au moment où vous frappiez à la porte et où il posait sur la table son fermoir enfin terminé, je lui ai pris gravement la main et je lui ai dit : « Pagolo, vous avez parlé comme un bijou ! » C'est ce qui fait qu'en rentrant vous lui avez trouvé l'air si bête.

— Eh bien! tu as eu tort, Scozzone : il ne fallait pas le décourager ainsi.

— Vous m'avez dit de l'écouter, je l'ai écouté. Si vous croyez que ce soit déjà si facile que d'écouter les beaux garçons ! Et s'il arrive un beau jour quelque malheur?

— Tu ne dois pas seulement l'entendre, mon enfant, il faut que tu lui répondes, c'est indispensable à mon plan. Parle-lui d'abord sans colère, puis avec indulgence, et puis avec complaisance. Quand tu en seras là, je te dirai ce qu'il faudra faire.

— Mais cela peut mener loin, savez-vous? Vous devriez être là, du moins.

— Sois tranquille, Scozzone, je paraîtrai au moment nécessaire. Tu n'as qu'à te reposer sur moi et suivre exactement mes instructions. Va maintenant, chère petite, et laisse-moi travailler.

Catherine sortit en sautant et en riant d'avance du bon tour que Cellini allait jouer à Pagolo, et dont elle ne pouvait néanmoins deviner le premier mot.

Cependant Benvenuto, quand elle fut partie, ne s'était pas remis à travailler comme il le lui avait dit : il avait couru précipitamment à la fenêtre qui donnait obliquement sur le jardin du Petit-Nesle, et était resté là comme en contemplation. Un coup frappé à la porte l'arracha brusquement à sa rêverie.

— Grêle et tempête ! s'écria-t-il furieux, qui est là encore? et ne peut-on me laisser en paix, mille démons !

— Pardon, mon maître, dit la voix d'Ascanio, mais si je vous dérange je vais me retirer.

— Quoi! c'est toi, mon enfant? Non, non, certes, tu ne me déranges jamais. Qu'y a-t-il donc et que me veux-tu?

Benvenuto s'empressa d'aller ouvrir lui-même à son élève chéri.

— Je trouble votre solitude et votre travail, dit Ascanio.

— Non, Ascanio : tu es toujours le bienvenu, toi.

— Maître, c'est que j'ai un secret à vous confier, un service à vous demander.

— Parle. Veux-tu ma bourse? veux-tu mon bras? veux-tu ma pensée?

— J'aurai peut-être besoin de tout cela, cher maître.

— Tant mieux ! Je suis à toi corps et âme, Ascanio. Moi aussi, d'ailleurs, j'ai une confession à te faire, oui, une confession, car sans être, je crois, coupable, j'aurai des remords jusqu'à que tu m'aies absous. Mais parle le premier.

— Eh bien ! maître... Mais, grand Dieu ! qu'est-ce donc que cette ébauche ? s'écria Ascanio en s'interrompant.

Il venait d'apercevoir la statue commencée d'Hébé, et dans la statue commencée il venait de reconnaître Colombe.

— C'est Hébé, reprit Benvenuto, dont les yeux brillèrent ; c'est la déesse de la jeunesse. La trouves-tu belle, Ascanio ?

— Oh ! miraculeuse ! Mais ces traits,

enfin, je les connais, ce n'est pas une illusion.

— Indiscret! Puisque tu lèves à demi le voile, il faut donc que je l'arrache tout à fait, et il paraît que ta confidence ne viendra décidément qu'après la mienne. Eh bien! assieds-toi là, Ascanio, tu vas lire à livre ouvert dans mon cœur. Tu as besoin de moi, dis-tu ; j'ai aussi besoin que tu m'entendes. Il suffira que tu saches tout pour que je sois soulagé d'un grand poids.

Ascanio s'assit, plus pâle que le condamné à qui on va lire son arrêt de mort.

— Tu es Florentin, Ascanio, et je n'ai pas besoin de te demander si tu sais l'histoire de Dante Alighieri. Un jour il vit passer dans la rue une enfant appelée Béatrix, et il l'aima. Cette enfant mourut et il l'aima toujours, car c'est son âme qu'il aimait, et les âmes ne meurent pas; seulement, il lui ceignit la tête d'une couronne d'étoiles et il la plaça dans le paradis. Cela fait, il se mit à approfondir les passions, à sonder toute poésie et toute philosophie, et quand, purifié par la souffrance et la pensée, il arriva aux portes du ciel, où Virgile, c'est-à-dire la sagesse, devait le quitter, il ne s'arrêta pas faute de guide, car il retrouva là, sur le seuil, Béatrix, c'est-à-dire l'amour, qui l'attendait.

Ascanio, j'ai eu aussi ma Béatrix, morte comme l'autre, comme l'autre adorée. Ça été jusqu'ici un secret entre Dieu, elle et moi. Je suis faible aux tentations, mais dans toutes les passions impures que j'ai traversées mon adoration est restée intacte. J'avais placé ma lumière trop haut pour que la boue pût l'atteindre. L'homme se jetait insoucieusement à travers les plaisirs, l'artiste restait fidèle à ses mystérieuses fiançailles, et si j'ai fait quelque chose de bien, Ascanio, si l'inerte matière, argent ou argile, sait prendre sous mes doigts forme et vie, si j'ai parfois réussi à mettre de la beauté dans le marbre et de la vie dans le bronze, c'est que ma rayonnante vision m'a toujours, depuis vingt ans, conseillé, soutenu, éclairé.

Mais je ne sais, Ascanio, il y a peut-être des différences entre le poète et l'orfévre, entre le ciseleur des idées et le ciseleur de l'or. Dante rêve; j'ai besoin de voir. Le nom de Marie lui suffit; il me faut à moi le visage de la madone. On devine ses créations ; on touche les miennes. Voilà peut-être pourquoi ma Béatrix n'était pas assez ou plutôt était trop pour moi, sculpteur. L'esprit me remplissait, mais j'étais forcé de trouver la forme. La femme angélique qui brillait sur ma vie avait été belle sans doute, belle surtout par le cœur, mais elle ne réalisait pas ce type de la beauté éternelle que je me figurais. Je me voyais contraint de chercher ailleurs, d'inventer.

Maintenant, dis-moi, Ascanio, crois-tu que si cet idéal de sculpteur s'était présenté à moi vivant sur la terre, et si je lui avais donné place dans mes adorations, j'eusse été ingrat et infidèle à mon idéal de poète? crois-tu qu'alors mon apparition céleste ne me visiterait plus et que l'ange serait jaloux de la femme? Le crois-tu? C'est à toi que je le demande, Ascanio, et tu sauras un jour pourquoi je t'adresse cette question plutôt qu'à tout autre, pourquoi je tremble en attendant ta réponse, comme si c'était ma Béatrix qui me répondît.

— Maître, dit gravement et tristement Ascanio, je suis bien jeune pour avoir un avis sur ces hautes idées, pourtant je pense au fond du cœur que vous êtes un de ces hommes choisis que Dieu mène, et que ce que vous trouvez sur votre chemin, ce n'est pas le hasard, c'est Dieu qui l'y a mis.

— C'est là ta croyance, n'est-ce pas vrai, Ascanio? Tu es d'avis que l'ange terrestre, mon beau souhait réalisé, serait envoyé par le Seigneur, et que l'autre ange divin n'aurait pas à se courroucer de mon abandon. Eh bien! je puis te dire alors que j'ai trouvé mon rêve, qu'il vit, que je le vois, que je le touche presque. Oui, Ascanio, le modèle de toute beauté, de toute pureté, ce type de la perfection infinie à laquelle nous autres artistes nous aspirons, il est près de moi, il respire, je puis chaque jour l'admirer. Ah! tout ce que j'ai fait jusqu'ici ne sera rien auprès de ce que je ferai. Cette Hébé que tu trouves belle et qui est vraiment mon chef-d'œuvre ne me satisfait pas encore ; mon songe animé est debout à côté de son image, et me semble cent fois plus magnifique ; mais je l'atteindrai! je l'atteindrai! Ascanio, mille blanches statues qui toutes lui ressemblent se dressent et marchent déjà dans ma pensée. Je les vois, je les pressens, et elles écloront quelque jour.

A présent, Ascanio, veux-tu que je te fasse voir mon beau génie inspirateur? il doit être encore là près de nous. Chaque matin, à l'heure où le soleil se lève là-haut, il me luit en bas. Regarde.

Benvenuto écarta le rideau de la fenêtre et désigna du doigt à l'apprenti le jardin du Petit-Nesle.

Dans sa verte allée, Colombe, la tête inclinée sur sa main étendue, marchait rêveuse, à pas lents.

— Qu'elle est belle! n'est-ce pas? dit Benvenuto en extase. Phidias et le vieux Michel-Ange n'ont rien créé de plus pur, et les antiques égalent tout au plus cette jeune et gracieuse tête. Qu'elle est belle!

— Oh! oui, bien belle! murmura Ascanio qui était retombé assis sans force et sans pensée.

Il y eut une minute de silence pendant laquelle Benvenuto contemplait sa joie, pendant laquelle Ascanio mesurait sa douleur.

— Mais enfin, maître, hasarda avec effroi l'apprenti, où vous mènera cette passion d'artiste? Que prétendez-vous faire?

— Ascanio, reprit Cellini, celle qui est morte n'a pas été et ne pouvait pas être à moi. Dieu me l'a montrée seulement et ne m'a pas mis au cœur d'amour humain pour elle. Chose étrange! il ne m'a même fait sentir ce qu'elle était pour moi que lorsqu'il l'a eu retirée de ce monde. Elle n'est dans ma vie qu'un ressouvenir, une vague image entrevue. Mais, si tu m'as bien compris, Colombe tient de plus près à mon existence, à mon cœur ; j'ose l'aimer, elle ; j'ose me dire : Elle sera à moi !

— Elle est la fille du prévôt de Paris, dit Ascanio tremblant.

— Et quand elle serait la fille d'un roi, Ascanio, tu sais ce que peut ma volonté. J'ai atteint à tout ce que j'ai voulu, et je n'ai jamais rien voulu plus ardemment. J'ignore comment je parviendrai à mon but, mais il faut qu'elle soit ma femme, vois-tu !

— Votre femme ! Colombe, votre femme !

— Je m'adresserai à mon grand souverain, continua Benvenuto ; je lui peuplerai, s'il veut, le Louvre et Chambord de statues ; je couvrirai ses tables d'aiguières et de candélabres, et quand pour tout prix je lui demanderai Colombe, il ne serait pas François Ier s'il me refusait. Oh ! j'espère, Ascanio, j'espère ! J'irai le trouver au milieu de toute sa cour réunie. Tiens, dans trois jours, quand il partira pour Saint-Germain, tu viendras avec moi. Nous lui porterons la salière en argent, qui est achevée, et les dessins pour une porte de Fontainebleau. Tous admireront, car c'est beau, et il admirera, il s'étonnera plus que les autres. Eh bien ! ces surprises, je les lui renouvellerai toutes les semaines. Je n'ai jamais senti en moi une force plus féconde et plus créatrice. Jour et nuit mon cerveau bout ; cet amour, Ascanio, m'a multiplié à la fois et rajeuni. Quand François Ier verra ses souhaits réalisés aussitôt que conçus, ah! je ne demanderai plus, j'exigerai ; il me fera grand et je me ferai riche, et le prévôt de Paris, tout prévôt qu'il est, sera honoré de mon alliance. Eh mais! vraiment je deviens fou, Ascanio! A ces idées je ne suis plus maître de moi. Elle à moi! Rêves du ciel! Comprends-tu, Ascanio? Elle à moi! Embrasse-moi, mon enfant! car depuis que je t'ai tout avoué j'ose écouter mes espérances. Je me sens maintenant le cœur plus tranquille ; tu as comme légitimé ma joie. Ce que je te dis là, tu le comprendras un jour. En attendant, il me semble que je t'aime plus depuis que tu as reçu ma confidence ; tu es bon de m'avoir entendu. Embrasse-moi, cher Ascanio.

— Mais vous ne pensez pas, maître, qu'elle ne vous aime peut-être pas, elle.

— Oh! tais-toi, Ascanio! j'y ai pensé, et je me suis pris à envier ta beauté et ta jeunesse. Mais ce que tu disais des desseins prévoyants de Dieu me rassure. Elle m'attend. Qui aimerait-elle? quelque fat de la cour, indigne d'elle? D'ailleurs, quel que soit celui qu'on lui destine, je suis aussi bon gentilhomme que lui, et j'ai le génie de plus.

— Le comte d'Orbec, dit-on, est son fiancé.

— Le comte d'Orbec? Tant mieux! je le connais. Il est trésorier du roi, et c'est chez lui que je vais prendre, soit l'or et l'argent nécessaires à mes travaux, soit les sommes que la bonté de Sa Majesté m'assigne. Le comte d'Orbec, un vieux ladre, rechigné et usé, cela ne compte pas, et il n'y aura pas de gloire à supplanter un animal pareil. Va, c'est moi qu'elle aime, Ascanio, non à cause de moi, mais à cause d'elle-même, parce que je serai comme la preuve de sa beauté, parce qu'elle se verra comprise, adorée, immortalisée. D'ailleurs, j'ai dit : Je le veux, et chaque fois que j'ai dit ce mot, je te le répète, j'ai réussi. Il n'est pas de puissance humaine qui tienne contre l'énergie de ma passion. J'irai, comme toujours, droit à mon but avec l'inflexibilité du destin. Elle sera à moi, te dis-je, dussé-je bouleverser le royaume, et si par hasard quelque rival me voulait barrer le chemin, demonio!

Tu me connais, Ascanio, gare à lui! Je le tuerais de cette main qui serre la tienne. Mais, mon Dieu! Ascanio, pardonne-moi! Égoïste que je suis, j'oublie que toi aussi tu as un secret à me confier, un service à réclamer de moi. Je ne m'acquitterai jamais envers toi, cher enfant; mais parle enfin, parle. Pour toi aussi, ce que je veux je le puis.

— Vous vous trompez, maître, il est des choses qui ne sont qu'au pouvoir de Dieu, et je sais maintenant que je ne dois plus compter que sur lui. Je laisserai donc mon secret entre ma faiblesse et sa puissance.

Ascanio sortit.

Quant à Cellini, à peine Ascanio eut-il

refermé la porte, qu'il tira le rideau vert;
et approchant son chevalet de la fenêtre il
se remit à modeler son Hébé, le cœur
rempli de joie présente et de sécurité à
venir.

CHAPITRE III.

LE MARCHAND DE SON HONNEUR.

C'est le jour où Colombe doit être présentée à la reine.

Nous sommes dans une des salles du Louvre ; toute la cour est rassemblée. Après la messe, on doit partir pour Saint-

Germain, et l'on n'attend plus que le roi et la reine pour passer dans la chapelle. Hormis quelques dames assises, tout le monde se tient debout et marche en causant : les robes de soie et de brocart se froissent, les épées se heurtent, les regards tendres ou haineux se croisent, on échange toute sorte de rendez-vous de combat ou d'amour ; c'est une cohue étourdissante, un tourbillon splendide ; les habits sont superbes et taillés à la dernière mode, les visages sont adorables ; sur la riche et amusante variété des costumes se détachent les pages, vêtus à l'italienne ou à l'espagnole, debout, immobiles, le poing sur la hanche et l'épée au côté. C'est un tableau plein d'éclat, de vivacité, de magnificence dont tout ce que nous pourrions dire ne serait qu'une bien faible et bien pâle copie.

Faites revivre tous ces cavaliers élégants et railleurs, rendez l'existence à toutes ces dames vives et galantes de Brantôme et de l'Heptameron; mettez dans leur bouche cet idiome prompt, savant, naïf et si éminemment français du seizième siècle, et vous aurez une idée de cette charmante cour, surtout si vous vous rappelez le mot de François Ier : Une cour sans dames, c'est une année sans printemps ou un printemps sans fleurs. Or, la cour de François Ier était un printemps éternel où brillaient les plus belles et les plus nobles fleurs de la terre.

Après le premier éblouissement causé par la confusion et le bruit, et lorsqu'on pouvait séparer les groupes, il était aisé de s'apercevoir qu'il y avait deux camps dans la foule : l'un, distingué par les couleurs lilas, était celui de madame d'Étampes ; l'autre, qui portait les couleurs bleues, était celui de Diane de Poitiers. Les partisans secrets de la réforme appartenaient au premier parti; les catholiques purs, au second. Dans ce dernier, on remarquait la figure plate et insignifiante du dauphin; on voyait la figure blonde, spirituelle et enjouée de Charles d'Orléans, second fils du roi, courir dans les rangs de l'autre. Compliquez ces oppositions politiques et religieuses de jalousies de femmes et de rivalités d'artistes, et vous aurez un ensemble assez satisfaisant de haines qui vous expliquera, si vous vous en étonnez, une foule de coups d'œil dédaigneux et de gestes menaçants que ne peuvent même dérober aux regards de l'observateur les dissimulations courtisanesques.

Les deux ennemies, Diane et Anne, étaient assises aux deux bouts opposés de la salle, et pourtant, malgré la distance, chaque raillerie ne mettait pas cinq secondes à passer de la bouche de l'une aux oreilles de l'autre, et la riposte, ramenée par les mêmes courriers, revenait aussi vite par le même chemin.

Au milieu de tous ces mots spirituels et parmi tous ces seigneurs habillés de velours et de soie, se promenait encore, indifférent et grave dans sa longue robe de docteur, Henry Estienne, attaché de cœur au parti de la réforme, tandis qu'à deux pas de lui et non moins oublieux de tout ce qui l'entourait se tenait debout Pierre Strozzi, pâle et mélancolique, réfugié de Florence, qui, appuyé contre une colonne, regardait sans doute dans son cœur la patrie absente, où il ne devait rentrer que prisonnier, et où il ne devait plus avoir de repos que dans la tombe. Il va sans dire que le noble réfugié italien, parent par les femmes de Catherine de Médicis, tient profondément au parti catholique.

Puis passent en parlant de graves affaires d'état, et en s'arrêtant souvent en face l'un de l'autre, comme pour donner plus de poids à leur conversation, le vieux Montmorency, à qui le roi vient de donner, il n'y a pas deux ans encore, la charge de connétable, vacante depuis la disgrâce de Bourbon, et le chancelier Poyet, tout fier de l'impôt de la loterie qu'il vient d'établir, et de l'ordonnance de Villers-Cotterêts qu'il vient de contresigner (1).

(1) Ce fut effectivement à Villers-Cotterêts, petite ville du département de l'Aisne, où François Ier avait

Sans se fondre dans aucun groupe, sans se mêler à aucune conversation, le bénédictin et cordelier François Rabelais, au sourire armé de dents blanches, furetait, observait, écoutait, raillait; tandis que Triboulet, le bouffon favori de Sa Majesté, roulait entre les jambes des passants sa bosse et ses calomnies, profitant

un château, que fut signée la fameuse ordonnance qui décida que les actes des cours souveraines cesseraient d'être écrits en latin, et seraient désormais rédigés dans la langue nationale. Ce château existe encore, quoique fort déchu de sa splendeur antique, et surtout étrangement détourné de sa destination première. Commencé par François Ier, qui y sculpta ses salamandres, il fut achevé par Henri II, qui y grava son chiffre et celui de Catherine de Médicis. On peut encore voir ces deux lettres, chefs-d'œuvre de renaissance, réunies, — écoutez bien cela ! car l'esprit du temps est tout entier dans ce fait lapidaire, — réunies par un lacs d'amour qui enveloppe en même temps le croissant de Diane de Poitiers : charmante mais, on en conviendra, singulière trilogie qui se compose du chiffre et des armes du mari, de la femme et de la maîtresse.

de sa taille de basset pour mordre çà et là sans danger, sinon sans douleur.

Quant à Clément Marot, splendide dans un habit tout neuf de valet de chambre du roi, il semblait tout aussi gêné que le jour de sa réception à l'hôtel d'Étampes. Évidemment, il avait en poche et cherchait à placer sous forme d'impromptu quelque dizain nouveau-né, quelque sonnet orphelin. En effet, hélas! on le sait, l'inspiration vient d'en haut et on n'en est pas le maître. Une ravissante idée lui était poussée naturellement dans l'esprit sur le nom de madame Diane. Il avait lutté; mais la muse n'est point une amante, c'est une maîtresse.

Les vers s'étaient faits tout seuls, les rimes s'étaient emmanchées l'une à l'autre, il ne savait par quelle magie. Bref, ce malheureux dizain le tourmentait plus que nous ne saurions dire. Il était dévoué à madame d'Étampes, sans doute, et à Marguerite de Navarre, c'était incontestable; le parti protestant était celui vers lequel il penchait, cela ne faisait aucun doute; peut-être même cherchait-il quelque épigramme contre madame Diane, lorsque ce malheureux madrigal en son honneur était venu. Mais enfin il était venu. Comment maintenant s'empêcher, une fois des vers superbes produits dans son cerveau en l'honneur d'une catholique, comment, malgré son ardeur pour la cause protestante, se retenir de les confier tout bas à quelque ami lettré!

C'est ce que fit l'infortuné Marot. Mais l'indiscret cardinal de Tournon, dans le

sein duquel il déposa ses vers, les trouva
si beaux, si splendides, si magnifiques,
que malgré lui il les repassa à M. le duc
de Lorraine, lequel en parla incontinent
à madame Diane. Il se fit à l'instant même
dans le parti bleu un grand chuchote-
ment, au milieu duquel Marot fut appelé, requis, sommé de venir les dire. Les
lilas, en voyant Marot fendre la foule et
s'approcher de madame Diane, s'avancè-
rent de leur côté et se pressèrent autour
du poète, tout à la fois ravi et épouvanté.
Enfin la duchesse d'Étampes elle-même se
leva curieusement pour voir, dit-elle,
comment ce maraud de Marot, qui avait
tant d'esprit, s'y prendrait pour louer
madame Diane.

Le pauvre Clément Marot, au moment
où il allait commencer, après s'être in-

cliné devant Diane de Poitiers qui lui souriait, se détourna légèrement pour jeter un coup d'œil autour de lui, et vit madame d'Étampes qui souriait aussi ; mais le sourire de l'une était gracieux, et le sourire de l'autre était terrible. Aussi Marot, grillé d'un côté et gelé de l'autre, ne dit-il que d'une voix tremblante et mal assurée, les vers suivants :

>Entre Phœbus bien souvent je désire,
>Non pour connaître herbes divinement,
>Car la douleur que mon cœur veut décrire
>Ne se guérit par herbe aucunement ;
>Non pour avoir ma place au firmament,
>Non pour son arc encontre amour laisir,
>Car à mon roi ne veux être rebelle.
>Entre Phœbus seulement je désir,
>Pour être aimé de Diane la belle.

A peine Marot eut-il prononcé la dernière syllabe de ce gracieux madrigal, que les bleus éclatèrent en applaudissements, tandis que les lilas gardèrent un silence mortel. Clément Marot, enhardi par l'approbation et froissé par la critique, alla bravement présenter son chef-d'œuvre à Diane de Poitiers.

— A Diane la belle, dit-il à voix basse en s'inclinant devant elle; vous comprenez, madame; la belle, la belle par excellence et sans comparaison.

Diane le remercia par le plus doux regard et Marot s'éloigna.

— On peut faire des vers à une belle après en avoir fait à la plus belle, dit en façon d'excuse le pauvre poète en passant près de madame d'Étampes; — vous vous souvenez : — De France la plus belle.

Anne répondit par un regard foudroyant.

Deux groupes de notre connaissance s'étaient tenus à l'écart de cet incident : c'était, d'une part, Ascanio avec Cellini. Benvenuto avait la faiblesse de préférer la *Divina Commedia* aux concetti. L'autre groupe se composait du comte d'Orbec, du vicomte de Marmagne, de messire d'Estourville et de Colombe, qui avait supplié son père de ne pas se mêler à cette foule qu'elle voyait pour la première fois et qui ne lui causait que de l'épouvante. Le comte d'Orbec, par galanterie, n'avait pas voulu quitter sa fiancée, que le prévôt allait présenter après la messe à la reine.

Ascanio et Colombe, quoique bien troublés, s'étaient vus tout de suite et se regardaient de temps en temps à la dérobée. Les deux purs et timides enfants, élevés dans la solitude qui fait les grands cœurs, se seraient trouvés bien isolés et bien perdus dans cette foule élégante et corrompue, s'ils n'avaient pu s'apercevoir et se raffermir l'un l'autre par le regard.

Ils ne s'étaient pas revus, du reste, depuis le jour de l'aveu. Ascanio avait en vain tenté dix fois d'entrer au Petit-Nesle. La servante nouvelle donnée à Colombe par le comte d'Orbec s'était toujours présentée à la place de dame Perrine quand il avait frappé, et l'avait congédié sévèrement. Ascanio n'était ni assez riche ni assez hardi pour risquer de gagner cette femme. D'ailleurs, il n'avait à apprendre à sa bien-aimée que de tristes nouvelles qu'elle saurait toujours trop tôt. Ces tristes nouvelles étaient l'aveu que lui avait fait le maître de son amour pour Colombe, et la nécessité où ils étaient, nonseulement de se passer désormais de son appui, mais d'avoir même peut-être à lutter contre lui.

Quant au parti à prendre, Ascanio, ainsi qu'il l'avait dit à Cellini, sentait que Dieu seul pouvait maintenant le sauver. Aussi, réduit à ses seules ressources, le jeune homme avait-il naïvement résolu de chercher à adoucir et à toucher madame d'Étampes. Quand un espoir sur lequel on a compté vous manque, on est porté à se rejeter sur les secours les plus désespérés.

La toute-puissante énergie de Benvenuto non-seulement faisait défaut à Ascanio, mais se tournerait sans doute contre lui. Ascanio allait donc, confiant parce qu'il était jeune, invoquer ce qu'il croyait avoir vu de grandeur, de générosité et de tendresse dévouée dans la duchesse, pour tâcher d'intéresser à sa souffrance la pitié de celle dont il était aimé. Après quoi, si cette dernière et fragile branche échappait à sa main, que pouvait-il, lui pauvre enfant, faible et seul, sinon laisser faire l'absence et attendre! Voilà donc pourquoi il avait suivi Benvenuto à la cour.

La duchesse d'Étampes était retournée à sa place. Il se mêla à ses courtisans, arriva derrière elle, et parvint jusqu'à son fauteuil. En se retournant, elle le vit.

— Ah! c'est vous, Ascanio, dit-elle assez froidement.

— Oui, madame la duchesse. J'accompagne ici mon maître Benvenuto, et si j'ose m'approcher de vous, c'est qu'ayant laissé l'autre jour à l'hôtel d'Étampes le dessin du lis que vous avez eu la bonté de me commander, je voudrais bien savoir si vous n'en êtes pas trop mécontente.

— Non, en vérité, je l'ai trouvé fort beau, dit madame d'Étampes un peu adoucie, et des connaisseurs à qui je l'ai montré, et notamment M. de Guise, que voici, ont été tout à fait de mon avis; seulement, l'exécution sera-t-elle aussi parfaite que le dessin? et dans le cas où vous croirez pouvoir en répondre, mes pierreries suffiront-elles?

— Oui, madame, je l'espère : néanmoins, j'aurais voulu mettre au pistil du collier un gros diamant qui y tremblerait comme une goutte de rosée; mais ce serait une dépense trop considérable peut-être dans un travail confié à un humble artiste comme je suis.

— Oh! nous pouvons faire cette dépense, Ascanio.

— C'est qu'un diamant de cette grosseur vaudrait peut-être deux cent mille écus, madame.

— Eh bien! nous y aviserons. Mais, ajouta la duchesse en baissant la voix, rendez-moi un service, Ascanio.

— Je suis à vos ordres, madame.

— Tout à l'heure, en allant écouter les fadeurs de ce Marot, j'ai aperçu à l'autre extrémité le comte d'Orbec. Informez-vous de lui, s'il vous plaît, et dites-lui que je désire lui parler.

— Quoi, madame! dit Ascanio pâlissant au nom du comte.

— Ne disiez-vous pas que vous étiez à mes ordres! reprit avec hauteur madame d'Étampes. D'ailleurs, si je vous prie de cette commission, c'est que vous êtes intéressé à l'entretien que je veux avoir avec d'Orbec, et qu'il pourra vous donner à réfléchir, si cependant les amoureux réfléchissent jamais.

— Je vais vous obéir, madame! dit Ascanio tremblant de mécontenter celle dont il attendait son salut.

— Bien. Veuillez en parlant au comte

parler italien, j'ai mes raisons pour cela, et revenez avec lui vers moi.

Ascanio, pour ne pas aigrir davantage et ne pas heurter de nouveau sa redoutable ennemie, s'éloigna et demanda à un jeune seigneur aux rubans lilas s'il avait vu le comte d'Orbec et où il était.

— Tenez, lui fut-il répondu, c'est ce vieux singe qui cause là-bas avec le prévôt de Paris et qui se tient près de cette adorable fille.

L'adorable fille était Colombe, que tous les muguets admiraient avec curiosité. Pour le vieux singe, il parut en effet à Ascanio aussi repoussant qu'un rival eût pu le désirer. Mais après un instant donné à cet examen, il s'approcha de lui, l'aborda au grand étonnement de Colombe, et l'invita en italien à le suivre auprès de madame d'Étampes. Le comte s'excusa auprès de sa fiancée et de ses amis et se hâta de se rendre aux ordres de la duchesse, suivi d'Ascanio, qui ne s'éloigna pas cependant sans rassurer par un coup d'œil d'intelligence la pauvre Colombe, toute troublée à l'audition de cet étrange message, et surtout à la vue du messager.

— Ah! bonjour, comte, dit madame d'Étampes en apercevant d'Orbec, je suis charmée de vous voir, car j'ai des choses d'importance à vous dire; messieurs, ajouta-t-elle en s'adressant à ceux qui l'entouraient, nous avons encore sans doute un bon quart d'heure à attendre Leurs Majestés; si vous le permettez, je profiterai de ce temps pour entretenir mon vieil ami le comte d'Orbec.

Tous les seigneurs empressés autour de la duchesse se hâtèrent de s'éloigner discrètement sur ce congé sans façon, et la laissèrent seule avec le trésorier du roi dans une de ces vastes embrasures de croisée, larges comme nos salons d'aujourd'hui. Ascanio allait faire comme les autres, mais sur un signe de la duchesse il resta.

— Qu'est-ce que ce jeune homme? demanda le comte.

— Un page italien qui n'entend pas un mot de français; aussi vous pouvez parler devant lui, c'est exactement comme si nous étions seuls.

— Eh bien, madame! reprit d'Orbec, j'ai obéi, j'espère, aveuglément à vos ordres sans même en rechercher les motifs. Vous m'avez exprimé le désir de voir ma future femme présentée aujourd'hui à la reine : Colombe est ici avec son père ; mais, maintenant que j'ai agi selon votre désir, j'avoue que je voudrais le comprendre ; est-ce trop demander, madame, que de vous demander une petite explication ?

— Vous êtes le plus dévoué parmi mes fidèles, d'Orbec ; heureusement qu'il me reste beaucoup à faire pour vous, et encore je ne sais pas si je pourrai jamais m'acquitter ; pourtant j'y tâcherai. Cette charge de trésorier du roi que je vous ai donnée n'est que la pierre d'attente sur laquelle je veux bâtir votre fortune, comte.

— Madame! fit d'Orbec en s'inclinant jusqu'à terre.

— Je vais donc vous parler à cœur ouvert ; mais, avant tout, que je vous fasse compliment. J'ai vu votre Colombe tout à l'heure, elle est vraiment ravissante ; un peu gauche, c'est un charme de plus. Cependant, entre nous, j'ai beau chercher, je vous connais, et là je ne vois pas dans quel but, vous, homme grave, prudent et médiocrement entiché, j'imagine, de fraîcheur et de beauté, vous faites ce mariage-là ; je dis dans quel but : car nécessairement il y a quelque chose là-dessous ; et vous n'êtes pas homme à marcher au hasard.

— Dame ! il faut faire une fin, madame ; et puis, le père est un vieux drôle qui laissera des écus à sa fille.

— Mais quel âge a-t-il donc ?

— Eh ! quelque cinquante-cinq ou six ans.

— Et vous, comte ?

— Oh ! à peu près le même âge ; mais il est si usé, lui !

— Je commence à comprendre et à vous reconnaître. Je savais bien que vous étiez au-dessus d'un sentiment vulgaire et que les agréments de cette petite n'étaient pas ce qui vous avait séduit.

— Fi donc, madame ! je n'y ai seulement pas songé : elle eût été laide que c'eût été la même chose ; elle est jolie, tant mieux.

— Oh ! à la bonne heure, comte, sinon je désespérerais de vous.

— Et maintenant que vous m'avez retrouvé, madame, daignerez-vous m'apprendre...?

— Oh! c'est que pour vous je fais de beaux rêves, interrompit la duchesse. Ce que je voudrais vous voir, d'Orbec, savez-vous, c'est la place de Poyet que je déteste, fit la duchesse en jetant un coup d'œil de haine sur le chancelier qui se promenait toujours avec le connétable.

— Quoi, madame! une des plus immenses dignités du royaume.

— Eh! n'êtes-vous donc pas vous-même un homme éminent, comte? Mais, hélas! mon pouvoir est si précaire, je règne sur le bord d'un abîme. Tenez, en ce moment je suis d'une inquiétude mortelle ! Le roi a pour maîtresse la femme d'un homme de rien, d'un justicier, d'un nommé Féron. Si cette femme était ambitieuse, nous serions perdus. J'aurais dû aussi prendre l'initiative sur ce caprice de François Ier. Ah ! je ne retrouverai jamais non plus cette petite duchesse de Brissac que j'avais donnée à Sa Majesté : une femme douce et faible, une enfant. Je la pleurerai toujours : elle n'était pas dangereuse, celle-là ; elle ne parlait au roi que de mes perfections ! Pauvre Marie ! elle avait pris toutes les charges de ma position et m'en laissait tous les bénéfices. Mais cette Féronnière, comme ils l'appellent, il faudrait à toute force en distraire François Ier. Moi, hélas ! j'ai épuisé tout mon arsenal de séductions, et j'en suis réduite aux derniers retranchements, l'habitude.

— Comment, madame ?

— Oh! mon Dieu! oui, je n'occupe plus guère que l'esprit, le cœur est ailleurs ; j'aurais bien besoin, vous comprenez, d'un auxiliaire. Où la trouver, une amie toute dévouée, toute sincère, dont je sois sûre? Ah! je la payerais de tant d'or et de tant d'honneurs! Cherchez-moi-la donc, d'Orbec. Vous ne savez pas combien, chez notre souverain, le roi et l'homme se touchent de près, et où l'homme peut entraîner le roi. Si nous étions deux, non deux rivales mais deux alliées, non pas deux maîtresses mais deux amies ; si nous tenions, l'une François, l'autre François Ier, la France serait à nous, comte, et dans quel moment! quand Charles-Quint vient se jeter de lui-même dans nos filets, quand on pourra le rançonner à l'aise et profiter de son imprudence pour se ménager en cas d'événement un avenir magnifique. Je vous expliquerai mes desseins, d'Orbec. Cette Diane, qui vous plaît tant, n'aurait plus prise un jour sur notre fortune, et le chancelier de France pourrait devenir..... Mais voici le roi.

Telle était la façon de madame d'Étampes; elle expliquait rarement, elle laissait deviner; elle semait dans les esprits des résolutions et des idées; elle laissait travailler l'avarice, l'ambition, la perversité naturelles, puis elle savait être interrompue à propos.

Grand art qu'on ne saurait trop recommander à beaucoup de poètes et à nombre d'amants.

Aussi le comte d'Orbec, âpre au gain et

aux honneurs, rompu et corrompu, avait parfaitement compris la duchesse, car plus d'une fois durant l'entretien les regards d'Anne s'étaient dirigés du côté de Colombe. Pour Ascanio, sa droite et généreuse nature n'avait pu sonder jusqu'au fond ce mystère d'iniquité et d'infamie; mais il ressentait vaguement que cette conversation étrange et sombre cachait un danger terrible pour sa bien-aimée, et considérait madame d'Étampes avec épouvante.

Un huissier annonça le roi et la reine. En un instant, tout le monde fut debout et le chapeau à la main.

— Dieu vous garde, messieurs ! dit en entrant François Ier. Il faut que je vous annonce tout de suite une grande nouvelle. Notre cher frère l'empereur Charles-Quint est à l'heure où je vous parle en route pour la France, s'il n'y est déjà entré. Préparons-nous, messieurs, à l'accueillir dignement. Je n'ai pas besoin de rappeler à ma féale noblesse à quoi cette grande hospitalité l'oblige. Nous avons montré au camp du Drap-d'Or que nous savions recevoir également les rois. Dans moins d'un mois Charles-Quint sera au Louvre.

— Et moi, messieurs, dit la reine Éléonore de sa voix douce, je vous remercie d'avance pour mon royal frère de l'accueil que vous lui ferez.

On répondit par les cris de Vive le roi! vive la reine! vive l'empereur!

A ce moment quelque chose de frétillant passa entre les jambes des courtisans et s'avança jusqu'au roi : c'était Triboulet.

— Sire, dit le bouffon, voulez-vous me

permettre de dédier à Votre Majesté un ouvrage que je vais faire imprimer?

— Avec grand plaisir, bouffon, répondit le roi ; mais encore faut-il que je connaisse quel est le titre de cet ouvrage, et que je sache le point où il en est.

— Sire, cet ouvrage aura pour titre l'Almanach des fous et contiendra la liste des plus grands insensés que la terre aura jamais portés. Quant à savoir où il en est, j'ai déjà inscrit, sur la première page, le nom du roi des fous passés et à venir.

— Et quel est cet illustre confrère que tu me donnes pour cousin et que tu choisis pour monarque? demanda François Ier.

— Charles-Quint, sire, répondit Triboulet.

— Comment, Charles-Quint? s'écria le roi.

— Lui-même!

— Et pourquoi Charles-Quint?

— Parce qu'il n'y a que Charles-Quint au monde qui, vous ayant tenu prisonnier à Madrid, comme il l'a fait, soit assez fou pour traverser le royaume de Votre Majesté.

— Mais s'il y passe sans accident cependant, au milieu de mon royaume? répliqua François Ier.

— Alors, répondit Triboulet, je lui promets d'effacer son nom pour mettre un autre nom à sa place.

— Et quel sera ce nom? demanda le ro.

— Le vôtre, sire, car en le laissant passer vous aurez encore été plus fou que lui.

Le roi éclata de rire. Les courtisans firent chorus. La pauvre Éléonore seule pâlit.

— Eh bien! dit François, mets donc mon nom à l'instant même à la place de celui de l'empereur; car j'ai donné ma parole de gentilhomme et je la tiendrai. Quant à la dédicace, je l'accepte, et voilà le prix du premier exemplaire qui paraîtra.

A ces mots, François Ier tira une bourse pleine de sa poche, et la jeta à Triboulet, qui la reçut entre ses dents et s'éloigna à quatre pattes et en grommelant comme un chien qui emporte un os.

— Madame, dit à la reine le prévôt de

Paris en s'avançant avec Colombe, Votre Majesté veut-elle me permettre de profiter de ce moment de joie pour lui présenter sous d'heureux auspices ma fille Colombe, qu'elle a daigné agréer au nombre de ses dames d'honneur?

La bonne reine adressa quelques mots de félicitation et d'encouragement à la pauvre Colombe confuse, que le roi pendant ce temps regardait avec admiration.

— Foi de gentilhomme! messire le prévôt, dit François Ier en souriant, savez-vous que c'est un crime de haute trahison d'avoir aussi long-temps enfoui et tenu hors de nos regards une semblable perle, laquelle doit faire si bien dans la couronne de beautés qui entoure la majesté de notre reine! Si vous n'êtes pas puni de cette félonie, sire Robert, rendez-en grâce à la muette intercession de ces beaux yeux baissés.

Puis le roi fit un salut gracieux à la charmante fille, et passa suivi de toute la cour pour se rendre à la chapelle.

— Madame, dit le duc de Medina-Sidonia en offrant la main à la duchesse d'Étampes, nous laisserons, s'il vous plaît, passer la foule et nous resterons un peu en arrière; nous serions ici mieux que partout ailleurs, pour deux mots importants que j'aurais à vous dire en secret.

— Je suis tout à vous, monsieur l'ambassadeur, répondit la duchesse. Ne vous éloignez pas, comte d'Orbec; vous pouvez tout dire, monsieur de Medina, devant ce

vieil ami, qui est un second moi-même,
et devant ce jeune homme, qui ne parle
qu'italien.

— Leur discrétion doit vous importer
autant qu'à moi, madame, et du moment
où vous en êtes sûre... mais nous voici
seuls et je vais aller droit au but sans détours et sans réticences. Vous voyez que Sa
Majesté sacrée s'est décidée à traverser la
France, et qu'elle y a même probablement
déjà mis le pied ; elle sait pourtant qu'elle
y marchera entre deux haies d'ennemis,
mais elle compte sur la chevalerie du roi :
vous-même vous lui avez conseillé cette
confiance, madame, et je conviendrai franchement avec vous que, plus puissante
que tel ou tel ministre en titre, vous avez
assez d'empire sur François Ier pour faire
à votre gré votre avis bon ou mauvais,

leurre ou garantie. Mais pourquoi vous tourneriez-vous contre nous? ce n'est ni l'intérêt de l'État ni le vôtre.

— Achevez, monseigneur; vous n'avez pas tout dit, je pense?

— Non, madame. Charles-Quint est le digne successeur de Charlemagne, et ce qu'un allié déloyal pourrait exiger de lui comme rançon il veut le donner comme présent, et ne laisser sans récompense ni l'hospitalité ni le conseil.

— A merveille! et ce sera agir avec grandeur et prudence.

— Le roi François Ier a toujours ardemment désiré le duché de Milan, madame; eh bien! cette province, éternel sujet de guerre entre la France et l'Espagne, Charles-Quint consentira à la céder à son beau-frère, moyennant une redevance annuelle.

— Je comprends, interrompit la duchesse : les finances de l'empereur sont assez bas, on le sait ; d'autre part, le Milanais est ruiné par vingt guerres, et Sa Majesté sacrée ne serait pas fâchée de transporter sa créance d'un débiteur pauvre à un débiteur opulent. Je refuse, monsieur de Medina, car vous comprenez vous-même qu'une pareille proposition n'est pas acceptable.

— Mais, madame, des ouvertures ont été déjà faites au roi au sujet de cette investiture, et Sa Majesté en a paru charmée.

— Je le sais ; mais, moi, je refuse. Si

vous pouvez vous passer de moi, tant mieux pour vous.

— Madame, l'empereur tient singulièrement à vous savoir de son parti, et tout ce que vous pourriez souhaiter...

— Mon influence n'est pas marchandise qu'on vende et qu'on achète, monsieur l'ambassadeur.

— Oh! madame, qui dit cela!

— Écoutez, vous m'assurez que votre maître désire mon appui, et entre nous il a raison. Eh bien! pour le lui assurer je lui demande moins qu'il n'offre; suivez-moi bien. Voici ce qu'il devra faire. Il promettra à François Ier l'investiture du duché de Milan, puis une fois hors de

France il se souviendra du traité de Madrid violé, et oubliera sa promesse.

— Quoi, madame! mais ce sera la guerre!

— Attendez donc, monsieur de Medina. Sa Majesté criera et menacera, en effet. Alors Charles consentira à ériger en État indépendant le Milanais, et le donnera, mais libre de redevances, à Charles d'Orléans, second fils du roi : de cette façon l'empereur n'agrandira pas un rival. Cela vaut bien quelques écus, et je pense que vous n'avez rien à dire contre monseigneur. Quant à ce que je puis souhaiter personnellement, comme vous disiez tout à l'heure; si Sa Majesté sacrée entre dans mes desseins, elle laissera tomber devant moi, à notre première entrevue, un caillou plus ou moins brillant que je ramasserai, s'il en vaut la peine, et que je garderai en souvenir de la glorieuse alliance conclue entre le successeur des césars, roi d'Espagne et des Indes, et moi.

La duchesse d'Étampes se pencha à l'oreille d'Ascanio, effrayé de ses sombres et mystérieux projets, comme le duc de Médina en était inquiet, comme le comte d'Orbec en paraissait charmé.

— Tout cela pour toi, Ascanio, dit-elle tout bas à l'apprenti. Pour gagner ton cœur, je perdrais la France. Eh bien, monsieur l'ambassadeur, reprit-elle à voix haute, quelle est votre réponse ?

— L'empereur seul peut prendre une décision sur un sujet de cette gravité, madame; néanmoins, tout me porte à croire qu'il acceptera un arrangement qui m'effraie presque, tant il me semble avantageux pour nous.

— Si cela peut vous rassurer, je vous dirai qu'au fond il l'est aussi pour moi, et voilà pourquoi je m'engage à le faire accepter par le roi. Nous autres femmes, nous avons aussi notre politique plus profonde parfois que la vôtre. Mais je puis vous jurer que mes projets ne sont en rien dangereux pour vous; et réfléchissez, en quoi pourraient-ils l'être? En attendant d'ailleurs la résolution de Charles-Quint, monsieur de Medina, vous pouvez être sûr que je ne laisserai pas échapper une occasion d'agir contre lui, et que j'engagerai de toutes mes forces Sa Majesté à le retenir prisonnier.

— Eh quoi, madame! est-ce là un commencement d'alliance?

— Allons donc, monsieur l'ambassadeur. Comment! un homme d'État tel que vous ne voit-il pas que l'essentiel est d'écarter de moi tout soupçon de séductions, et que prendre ouvertement notre cause ce serait le moyen de la perdre. D'ailleurs, je n'entends pas qu'on me puisse jamais trahir ou dénoncer. Laissez-moi être votre ennemie, monsieur le duc, laissez-moi parler contre vous. Que vous importe? Ne savez-vous pas ce qu'on fait avec les mots, mon Dieu! Si Charles-Quint refuse mon traité, je dirai au roi : « Sire, fiez-vous-en à mes instincts généreux de femme. Vous ne devez pas reculer devant de justes et nécessaires représailles. » Et si l'empereur accepte, je dirai : « Sire, croyez-en mon habileté féminine, c'est-à-dire féline; il faut vous résigner à une infamie utile. »

— Ah, madame! dit le duc de Medina en s'inclinant devant la duchesse, quel dommage que vous soyez une reine! vous auriez fait un si parfait ambassadeur!

Sur quoi le duc prit congé de madame d'Étampes, et s'éloigna ravi de la tournure inattendue qu'avaient prise les négociations.

— A mon tour de parler nettement et sans ambages, dit la duchesse au comte d'Orbec quand elle fut seule avec Ascanio et lui. Maintenant, comte, vous savez trois choses : la première, c'est qu'il est important pour mes amis et pour moi que mon pouvoir soit en ce moment consolidé et à l'abri de toute atteinte; la seconde, c'est qu'une fois cet événement traversé, nous n'aurons plus à redouter l'avenir, que Charles d'Orléans continuera François Ier et que le duc de Milan, que j'aurai fait ce qu'il sera, me devra plus de reconnaissance que le roi de France, qui m'a faite ce que je suis; la troisième, c'est que la beauté de votre Colombe a vivement frappé Sa Majesté. Eh bien, comte! je m'adresse à l'homme supérieur que n'atteignent pas les préjugés vulgaires. Vous tenez en cet instant votre sort dans vos mains : voulez-vous que le trésorier d'Orbec succède au chancelier Poyet, ou, tenez, en termes plus positifs, voulez-vous que Colombe d'Orbec succède à Marie de Brissac?

Ascanio fit un mouvement d'horreur

que n'aperçut pas d'Orbec, qui échangeait un regard odieusement malicieux avec le regard profond de madame d'Étampes.

— Je veux être chancelier, répondit-il simplement.

— Bon! nous sommes donc sauvés; mais le prévôt!

— Eh! eh! reprit le comte, vous lui trouverez bien quelque bel office; qu'il soit seulement plutôt lucratif qu'honorifique, je vous prie; je retrouverai le tout quand le vieux podagre s'en ira.

Ascanio ne put se contenir plus longtemps.

— Madame... fit-il d'une voix éclatante en s'avançant.

Il n'eut pas le temps de continuer, le comte n'eut pas le temps de s'étonner, la porte s'ouvrit à deux battants : toute la cour rentrait.

Madame d'Étampes saisit violemment la main d'Ascanio, se rejeta brusquement en arrière avec lui et, de sa voix contenue mais vibrante, lui dit à l'oreille :

— Eh bien, jeune homme! vois-tu maintenant comment on devient la concubine d'un roi, et où parfois, malgré nous, la vie nous mène?

Elle se tut. Au milieu de ces paroles graves, la bonne humeur et les saillies du roi et des courtisans firent pour ainsi dire irruption.

François Ier était radieux, Charles-

Quint allait venir. Il y aurait des réceptions, des fêtes, des surprises, un beau rôle à jouer. Le monde entier aura les yeux fixés sur Paris et son roi. Attentif au drame intéressant dont lui, François Ier, tiendrait tous les fils, il y pensait avec une joie d'enfant. C'était sa nature de prendre ainsi toutes choses par le côté brillant plutôt que par le côté sérieux, de viser avant tout à l'effet et de voir dans les batailles des tournois, et dans la royauté un art. Splendide esprit aux idées aventureuses, étranges, poétiques, François Ier fit de son règne une représentation théâtrale et du monde une salle de spectacle.

Ce jour-là, à la veille d'éblouir un rival et l'Europe, il était d'une clémence et d'une aménité plus charmantes que jamais.

Aussi, comme rassuré par ce gracieux visage, Triboulet vint-il rouler à ses pieds au moment où il franchissait la porte.

— O sire, sire, s'écria lamentablement le bouffon, je viens vous faire mes adieux, il faut que Votre Majesté se résigne à me perdre; aussi j'en pleure plus pour elle que pour moi. Que va devenir Votre Majesté sans son pauvre Triboulet, qu'elle aime tant !

— Quoi! vas-tu me quitter, fou, au moment où il n'y aura qu'un bouffon pour deux rois?

— Oui, sire, au moment où il y aura deux rois pour un bouffon.

— Mais je n'entends pas cela, Triboulet. Tu resteras, je te l'ordonne.

— Hélas! oui. Faites donc part du décret royal à monsieur de Vieilleville, à qui j'ai dit ce qu'on dit de sa femme, et qui, pour une chose si simple, a juré qu'il m'arracherait les oreilles d'abord et l'âme ensuite... si j'en ai une toutefois, a ajouté l'impie, à qui Votre Majesté devrait bien faire couper la langue pour un semblable blasphème.

— Va, va! reprit le roi, sois tranquille, mon pauvre fou, celui qui t'ôterait la vie serait bien sûr d'être pendu un quart d'heure après.

— O sire, si cela vous était égal?

— Eh bien! quoi?

— Faites le pendre un quart d'heure avant. J'aime mieux cela.

Tous de rire, et le roi plus que tous. Puis, continuant de s'avancer, il trouva sur son passage Pierre Strozzi, le noble exilé.

— Seigneur Pierre Strozzi, lui dit-il, il y a bien long-temps, ce me semble, trop long-temps, que vous nous avez demandé des lettres de naturalisation; c'est une honte pour nous qu'après avoir si vaillamment combattu dans le Piémont pour les Français et en Français, vous n'apparteniez pas encore à notre patrie par le courage, puisque votre patrie par la naissance vous renie. Ce soir, seigneur Pierre, messire Le Maçon, mon secrétaire, vous expédiera vos lettres de naturalisation. Ne me remerciez pas; il faut que Charles-Quint vous trouve Français, pour mon honneur et pour le vôtre... — Ah! c'est vous, Cellini, et vous ne venez jamais les mains vides : que portez-vous là sous le bras, mon ami? Mais attendez un moment; il ne sera pas dit, foi de gentilhomme! que je ne vous ai jamais devancé en magnificence. Messire Antoine Le Maçon, vous joindrez aux lettres de naturalisation du grand Pierre Strozzi celles de mon ami Benvenuto, et vous les lui porterez sans frais chez lui : un orfévre ne trouve pas cinq cents ducats aussi aisément qu'un Strozzi.

— Sire, dit Benvenuto, je rends grâce à Votre Majesté, mais qu'elle me pardonne mon ignorance : qu'est-ce que ces lettres de naturalisation?

— Quoi! dit gravement Antoine Le Maçon, tandis que le roi riait comme un fou de la question, ne savez-vous pas, maître Benvenuto, que des lettres de naturalisation sont le plus grand honneur que Sa Majesté puisse accorder à un étranger; que par là vous devenez Français?

— Je commence à comprendre, sire, et je vous remercie, dit Cellini; mais excusez-moi : j'étais déjà de cœur sujet de Votre Majesté, à quoi servent ces lettres?

— A quoi ces lettres servent! dit François Ier, dont la joyeuse humeur continuait; elles servent, Benvenuto, à ce que, maintenant que vous voici Français, je puis vous faire seigneur du Grand-Nesle, ce qui ne m'était pas permis auparavant. Messire Le Maçon, vous joindrez la donation définitive du château aux lettres de naturalisation. Comprenez-vous maintenant, Benvenuto, à quoi servent les lettres de naturalisation ?

— Oui, sire, et merci, merci mille fois ! On dirait que nos deux cœurs s'entendent sans se parler, car cette grâce que vous me faites aujourd'hui est comme un acheminement à une immense faveur que j'oserai peut-être vous demander un jour et qui en fait pour ainsi dire partie.

— Tu sais ce que je t'ai promis, Benvenuto. Apporte-moi mon Jupiter et demande.

— Oui, Votre Majesté a bon souvenir, et j'espère qu'elle aura bonne parole. Oui, Votre Majesté peut exaucer un vœu qui tient en quelque sorte à ma vie, et déjà, par un royal et sublime instinct, vous venez de rendre l'accomplissement de ce vœu plus facile.

— Il sera fait, mon grand orfévre, selon votre désir ; mais, en attendant, vous allez nous faire voir d'abord ce que vous tenez là dans vos mains.

— Sire, c'est une salière d'argent pour accompagner le vase et le bassin.

— Montrez-moi vite cela, Benvenuto.

Le roi examina attentivement et silencieusement comme toujours le merveilleux ouvrage que lui présentait Cellini.

— Quelle bévue! dit-il enfin, quel contre-sens !

—Quoi! sire, s'écria Benvenuto au comble du désappointement, Votre Majesté serait si peu satisfaite...

— Eh! sans doute, monsieur. Comment, vous me gâtez une si belle idée en argent! C'est en or qu'il fallait m'exécuter cela, Cellini, et j'en suis fâché pour vous, mais vous la recommencerez.

— Hélas! sire, dit mélancoliquement Benvenuto, ne soyez pas si ambitieux pour mes pauvres ouvrages. C'est la richesse de la matière qui perdra, j'en ai bien peur, ces chers trésors de ma pensée. Mieux vaut pour une gloire durable travailler l'argile que l'or, sire, et nos noms ne vivent guère, à nous autres orfévres. Sire, les nécessités sont parfois cruelles, les hommes toujours cupides et stupides; et qui sait si telle coupe d'argent de moi dont Votre Majesté donnerait dix mille ducats, on ne la fondra pas pour dix écus !

— Allons donc, croyez-vous que le roi de France aille jamais mettre en gage chez les Lombards les salières de sa table?

— Sire, l'empereur de Constantinople a bien mis en gage chez les Vénitiens la couronne d'épines de Notre-Seigneur.

— Mais un roi de France la dégagea, monsieur !

— Oui, je le sais; cependant songez aux dangers, aux révolutions, aux exils! Je suis d'un pays où les Médicis ont été chassés et rappelés trois fois; et il n'y a que les rois qui, comme Votre Majesté, se font une gloire, à qui on ne puisse enlever leur bien.

— N'importe, Benvenuto, n'importe, je veux ma salière en or, et mon trésorier va vous compter aujourd'hui mille écus d'or de vieux poids pour cela. Vous entendez, comte d'Orbec? aujourd'hui même, car je ne veux pas que Cellini perde une minute. Adieu, Benvenuto, continuez, le roi pense au Jupiter. Adieu, messieurs, pensez à Charles-Quint.

Pendant que François Ier descendait l'escalier pour aller rejoindre la reine, qui était déjà en voiture et qu'il accompagnait à cheval, divers mouvements eurent lieu que nous ne devons pas omettre.

Benvenuto s'approcha d'abord du comte d'Orbec et lui dit : — Veuillez tenir cet or à ma disposition, messire le trésorier. Je vais obéir aux ordres de Sa Majesté, aller chercher sur-le-champ un sac chez moi, et je serai chez vous dans une demi-heure. Le comte s'inclina en signe d'acquiescement, et Cellini sortit seul, après avoir vainement cherché Ascanio des yeux.

Dans le même temps Marmagne parlait bas au prévôt, qui tenait toujours la main de Colombe.

— Voici une occasion magnifique, lui disait-il, et je cours prévenir mes hommes. Vous, dites à d'Orbec de retenir le plus long-temps possible le Benvenuto.

Là-dessus il disparut, et messire d'Estourville s'approcha du comte d'Orbec, auquel il parla à l'oreille; puis il ajouta tout haut :

— Pendant ce temps, moi, comte, je

reconduirai Colombe à l'hôtel de Nesle.

— Bien, fit d'Orbec, et venez m'annoncer le résultat ce soir.

Ils se séparèrent, et le prévôt reprit en effet lentement avec sa fille le chemin du Petit-Nesle, suivis à leur insu par Ascanio, qui ne les avait pas perdus de vue une minute et qui regardait de loin avec amour marcher sa Colombe.

Cependant le roi mettait le pied à l'étrier; il montait un admirable alezan, son favori, un présent de Henri VIII.

— Nous allons, dit-il, faire une longue route ensemble aujourd'hui.

> Gentil, joli petit cheval,
> Bon à monter, doux à descendre.

— Ma foi, voilà toujours les deux premiers d'un quatrain, ajouta François Ier; trouvez-moi les autres, voyons, Marot, ou bien, vous, maître Melin de Saint-Gelais.

Marot se gratta la tête, mais Saint-Gelais le prévint et, avec un bonheur et une promptitude inouïs, continua :

> Sans que tu sois un Bucéphal,
> Tu portes plus grand qu'Alexandre !

Les applaudissements éclatèrent de toutes parts, et le roi, déjà à cheval, envoya de sa main un salut de remercîment tout gracieux au poète si bien et si vite inspiré.

Pour Marot, il rentra au logis de Navarre plus bourru que jamais.

— Je ne sais ce qu'ils avaient à la cour, grommelait-il, mais ils étaient tous stupides aujourd'hui.

CHAPITRE IV.

QUATRE VARIÉTÉS DE BRIGANDS.

Benvenuto repassa la Seine en toute hâte et prit chez lui, non pas un sac, comme il avait dit au comte d'Orbec, mais un petit cabas que lui avait donné à Florence une de ses cousines qui était religieuse; puis, comme il tenait à terminer cette affaire le jour même et qu'il était déjà deux heures de l'après-midi, sans attendre Ascanio qu'il avait perdu de vue, ni ses ouvriers qui étaient allés dîner, il reprit le chemin de la rue Froidmanteau, où demeurait le comte d'Orbec, et, avec quelque attention qu'il regardât autour de lui, il ne vit rien en allant qui pût lui causer la moindre inquiétude.

Quand il arriva chez le comte d'Orbec, celui-ci lui dit qu'il ne pouvait toucher son or tout de suite, attendu qu'il y avait des formalités indispensables à remplir, un notaire à appeler, un contrat à rédiger. Le comte s'excusa d'ailleurs avec mille politesses, car il savait Cellini peu patient de sa nature; mais il enveloppa son refus de formes si prévenantes, qu'il n'y eut pas moyen de se fâcher, et que Benvenuto, qui

croyait à la vérité de ces empêchements,
se résigna à attendre.

Seulement Cellini voulut profiter de ce
retard pour faire venir quelques-uns de
ses ouvriers qui l'accompagneraient au retour et l'aideraient à porter son or. D'Orbec s'empressa d'envoyer à l'hôtel de Nesle
un de ses domestiques pour les prévenir;
puis il entama la conversation sur les travaux de Cellini, sur la faveur que le roi lui
témoignait, sur toutes choses enfin capables de faire prendre patience à Benvenuto, d'autant moins soupçonneux qu'il
n'avait aucune raison d'en vouloir au
comte, ni qu'il ne supposait pas que le
comte eût des motifs d'être son ennemi.
Il y avait bien son désir de le supplanter
près de Colombe, mais personne ne connaissait ce désir qu'Ascanio et lui. Il ré-

pondit donc assez gracieusement aux avances du trésorier.

Il fallut ensuite du temps pour choisir 'or au titre où le roi avait désiré qu'il fût donné. Le notaire fût très-lent à venir. On ne dresse pas un contrat en une minute. Bref, lorsque, les dernières politesses échangées, Benvenuto se disposait à revenir à l'hôtel, la nuit commençait à tomber; il s'informa du domestique qu'on avait envoyé pour chercher ses compagnons. Celui-ci répondit qu'ils n'avaient pu venir, mais qu'il porterait volontiers l'or du seigneur orfévre. La défiance de Benvenuto se réveilla, et il refusa l'offre, si obligeante qu'elle fût.

Il mit l'or dans son petit cabas, puis il passa le bras dans les deux anses, et comme son bras n'y entrait qu'avec difficulté, l'or était bien enfermé, et il le portait beaucoup plus aisément que s'il eût été dans un sac. Il avait sous ses habits une bonne cotte de mailles à manches, une courte épée au côté et un poignard dans sa ceinture ; il se mit donc en route d'un pas pressé, mais ferme. Cependant, avant de partir, il avait cru s'apercevoir que plusieurs valets parlaient bas entre eux et sortaient précipitamment, mais ils avaient affecté de ne pas prendre le même chemin que lui.

Aujourd'hui que l'on va du Louvre à l'Institut par le pont des Arts, le chemin qu'avait à faire Benvenuto ne serait plus qu'une enjambée, mais à cette époque c'était un voyage. En effet, il lui fallait, en partant de la rue Froidmanteau, remonter le quai jusqu'au Châtelet, prendre le pont aux Meuniers, traverser la Cité par la rue Saint-Barthélemi, aborder sur la rive gauche par le pont Saint-Michel, et de là redescendre par le quai désert jusqu'à l'hôtel du Grand-Nesle. Qu'on ne s'étonne pas qu'à cette époque de larronneurs et de tire-laines, Benvenuto, malgré tout son courage, conçût quelques inquiétudes pour une somme aussi considérable que celle qu'il portait sous le bras. Au reste, si le lecteur veut précéder avec nous Benvenuto de quelques centaines de pas, il verra que ces inquiétudes n'étaient pas sans fondement.

Depuis une heure environ que l'ombre avait commencé à épaissir, quatre hommes d'assez mauvaise mine enveloppés de grands manteaux s'étaient postés sur le quai des Augustins, à la hauteur de l'église. La grève était bordée seulement de murs à cet endroit, et absolument déserte en ce moment. Ces hommes, pendant leur station, ne virent passer que le prévôt, qui revenait de conduire Colombe au Petit-Nesle, et qu'ils saluèrent avec le respect qui est dû aux autorités.

Ils causaient à voix basse et le chapeau sur les yeux, dans un renfoncement formé par l'église. Deux d'entre eux nous sont déjà connus : c'étaient les bravi employés par le vicomte de Marmagne dans l'expédition malheureuse contre le Grand-Nesle; ils se nommaient Ferrante et Fracasso. Leurs deux compagnons, qui gagnaient leur vie au même honorable métier, s'appelaient Procope et Maledent. Afin que la postérité, comme elle fait depuis trois mille ans pour le vieil Homère, ne se dispute pas sur la patrie de ces quatre vaillants capitaines, nous ajouterons que Maledent était Picard, Procope Bohémien, et que Ferrarte et Fracasso avaient vu le jour sous le beau ciel de l'Italie. Quant à leurs qualités distinctes en temps de paix, Procope était un juriste, Ferrante un pédant, Fracasso un rêveur et Maledent un imbécile. On voit que notre qualité de Français ne nous aveugle pas sur le compte du seul de ces quatre industriels qui soit notre compatriote.

Au combat tous quatre étaient des démons.

Voici maintenant la conversation édifiante et amicale qu'ils tenaient entre eux : écoutons-la ; nous pourrons y apprendre quels hommes ils étaient et quels dangers menaçaient au juste notre ami Benvenuto.

— Au moins, Fracasso, disait Ferrante, nous ne serons pas empêtrés aujourd'hui de ce grand rougeâtre de vicomte, et nos pauvres épées pourront sortir du fourreau sans qu'il nous crie : En retraite! le lâche, et sans qu'il nous force à nous enfuir.

— Oui, mais, répondit Fracasso, puisqu'il nous laisse tout le péril du combat, ce dont je le remercie, il devrait nous laisser tout le profit. De quel droit ce diable roussi se réserve-t-il pour sa part 500 écus d'or? Je sais bien que les 500 qui restent font une assez jolie prime. Cent vingt-cinq pour chacun de nous, c'est honorable, et dans les temps difficiles je me suis vu parfois dans la nécessité de tuer un homme pour deux écus.

— Pour deux écus ! Sainte Vierge ! s'écria Maledent ; oh ! fi donc ! c'est gâter le métier. Ne dites pas de pareilles choses quand je suis avec vous; car quelqu'un qui nous entendrait pourrait nous confondre l'un avec l'autre, mon cher.

— Que veux-tu, Maledent ! dit Fracasso avec mélancolie, la vie a des passes fâcheuses, et il y a des heures où l'on tuerait un homme pour un morceau de pain. Mais revenons à notre objet. Il me semble, mes bons amis, que deux cent cinquante écus valent de moitié mieux que cent vingt-cinq. Si, après avoir tué notre homme, nous refusions de rendre nos comptes à ce grand voleur de Marmagne ?

— Mon frère, reprit gravement Procope, vous oubliez que ce serait manquer à notre traité ; ce serait frustrer un client, et il faut de la loyauté en tout. Nous remettrons au vicomte les cinq cents écus d'or convenus, jusqu'au dernier, c'est mon avis Mais, *distinguamus :* quand il les aura empochés et qu'il nous aura reconnus pour honnêtes gens, je ne vois pas qui peut nous empêcher de tomber sur lui et de les lui reprendre.

— Bien trouvé ! dit doctoralement Ferrante, Procope a toujours eu beaucoup de probité jointe à beaucoup d'imagination.

— Mon Dieu, cela tient à ce que j'ai

un peu étudié le droit, fit modestement Procope.

— Mais, continua Ferrante avec le ton pédant qui lui était habituel, ne nous embrouillons pas dans nos desseins. *Recte ad terminum eamus.* Que le vicomte dorme tranquille sur les deux oreilles, il aura son tour : il s'agit pour le moment de cet orfévre florentin : on veut pour plus grande sécurité que nous soyons quatre à l'estafiler. A la rigueur un seul eût pu faire la besogne et empocher la somme, mais la capitalisation est une plaie sociale, et mieux vaut que le bénéfice soit partagé entre plusieurs amis. Seulement dépêchons-le promptement et proprement, ce n'est pas un homme ordinaire, comme nous avons pu le voir, Fracasso et moi. Résignons-nous donc, pour plus de sûreté, à l'attaquer tous quatre à la fois, il ne peut tarder à venir. Attention, du sang-froid, bon pied, bon œil, et prenez garde aux bottes à l'italienne qu'il ne manquera as de vous pousser.

— On sait ce que c'est, Ferrante, dit Maledent d'un air dédaigneux, que de recevoir un coup d'épée, qu'il soit d'estoc ou de taille. Une fois j'avais pénétré de nuit, pour affaires personnelles, dans un château du Bourbonnais. Surpris par le matin avant de les avoir complétement terminées, je pris la résolution forcée de me cacher jusqu'à la nuit suivante; rien ne me parut plus propre à cet effet que l'arsenal du château : il y avait là force panoplies et trophées, casques, cuirasses, brassards et cuissards, targes et écus. J'enlevai le pieu qui soutenait une de ces armures, je me glissai à sa place et je demeurai là debout, visière baissée, immobile sur mon piédestal.

— C'est fort intéressant, interrompit Ferrante, continue, Maledent, à quoi peut-on mieux employer l'attente d'un exploit, qu'au récit de quelques autres faits de guerre? Continue.

— Je ne savais pas, poursuivit Maledent, que cette maudite armure servait aux fils du château pour s'exercer à faire des armes. Mais bientôt deux grands gaillards de vingt ans entrèrent, détachèrent chacun une lance et une épée et commencèrent à s'escrimer de tout leur cœur sur ma carapace. Eh bien! mes amis, vous me croirez si vous voulez, sous tous leurs coups d'épée et de lance je n'ai pas bougé, je suis resté droit et ferme comme si j'étais véritablement de bois et vissé à ma base. Par bonheur, les jeunes drôles n'étaient pas de première force. Le père survint, les exhortant bien à viser au défaut de ma cuirasse; mais saint Maledent, mon patron, que j'invoquais tout bas, détournait les coups. Enfin, ce diable de père, pour montrer à ses petits comment on enlevait une visière, prit une lance et du premier coup mit à découvert mon visage pâle et défait. Je me crus perdu.

— Pauvre ami! dit mélancoliquement Fracasso, on le serait à moins.

— Bah! figurez-vous que, comme je viens de vous le raconter, me voyant pâle et défait, ils eurent la bêtise de me prendre pour le fantôme de leur bisaïeul; si bien que voilà le père et les fils qui s'enfuient à toutes jambes et comme si le diable les emportait. Ma foi, que voulez-vous que je vous dise? je leur ai tourné le dos et j'en ai fait autant de mon côté; mais c'est égal, vous voyez que pour ma part je suis solide.

— Oui, mais l'essentiel dans notre état, l'ami Maledent, dit Procope, ce n'est pas seulement de bien recevoir les coups, c'est de les bien donner. Le beau, c'est que la victime tombe sans même pousser un cri. Tiens, dans une de mes tournées en Flandre, j'avais à débarrasser une de mes pratiques de quatre de ses amis intimes qui voyageaient en compagnie. Il voulut m'adjoindre trois camarades; mais je dis que je me chargerais de la chose tout seul ou que je ne m'en chargerais pas du tout. Il fut donc convenu que j'agirais comme je l'entendais et que, pourvu que je livrasse quatre cadavres, j'aurais quatre parts. Je savais la route qu'ils suivaient : je les attendis donc dans une hôtellerie où ils devaient nécessairement passer.

L'hôtelier avait été de la partie autrefois, il l'avait quittée pour se faire aubergiste, ce qui était un moyen de continuer à détrousser les voyageurs sans rien craindre ; mais il avait encore quelques bons sentiments, de sorte que je n'eus pas grand'peine à le mettre dans mes intérêts, moyennant un dixième de la prime. Ceci convenu, nous attendîmes nos quatre cavaliers, qui bientôt parurent au détour du chemin et mirent pied à terre devant l'auberge, s'apprêtant à y remplir leurs estomacs et à y panser leurs chevaux. L'hôtelier leur dit alors que son écurie était si petite, qu'à moins d'y entrer l'un après l'autre ils ne pourraient s'y remuer et s'y gêneraient mutuellement. Le premier qui entra fut si lent à sortir, que le second, impatienté, alla voir un peu ce qu'il faisait. Celui-ci ne tarda pas moins lui-même à reparaître. Sur ce, le troisième, fatigué d'attendre, s'introduisit à son tour, et au bout de quelque temps, comme le quatrième s'étonnait de leur lenteur à tous :

Ah! je vois ce que c'est, dit mon hôte, comme l'écurie est extrêmement petite, ils seront sortis par la porte de derrière. Ces mots encouragèrent mon dernier à rejoindre ses compagnons et moi, car vous devinez bien que j'étais dans l'écurie; mais, comme la chose ne pouvait plus avoir d'inconvénient, je laissai à celui-là la satisfaction de pousser un petit cri, pour dire adieu à ce monde. En droit romain, Ferrante, cela ne pourrait-il pas s'appeler *trucidatio per divisionem necis!* Mais, ah çà! ajouta Procope en s'interrompant, notre homme n'arrive toujours pas! Pourvu qu'il ne lui soit rien advenu! Il va faire nuit noire tout à l'heure.

— *Suadentque cadentia sidera somnos*, ajouta Fracasso. Et à ce propos, mes amis, prenez garde que dans l'obscurité ce Benvenuto ne s'avise d'un tour que j'ai une fois pratiqué moi-même; c'était dans mes promenades sur les bords du Rhin. J'ai toujours aimé les bords du Rhin, le paysage y est à la fois pittoresque et mélancolique. Le Rhin, c'est le fleuve des rêveurs. Je rêvais donc sur les bords du

Rhin, et voici quel était le sujet de mes rêveries :

Il s'agissait d'envoyer de vie à trépas un seigneur nommé Schreckenstein, si j'ai bonne mémoire. Or la chose n'était pas aisée, car il ne sortait jamais que bien accompagné. Voilà le plan auquel je m'arrêtai :

Je m'habillai de la même façon que lui, et par une soirée sombre je l'attendis de pied ferme, lui et sa troupe. Quand je vis leur masse noire se détacher dans la nuit solitaire et obscure, *obscuri sub nocte*, je me jetai en désespéré sur Schreckenstein, qui marchait un peu en avant ; mais j'eus l'habileté d'abord d'enlever de sa tête son chapeau à plumes, et puis de changer de position avec lui et de me tourner du côté où il aurait dû se trouver lui-même. Là-dessus je l'étourdis d'un grand coup du pommeau de mon épée, et je me mis à crier au milieu du tumulte, du bruit des lames et des cris des autres : — A moi ! à moi ! — Sus aux brigands ! Si bien que les hommes de Schreckenstein tombèrent furieux sur leur maître et le laissèrent mort sur la place, tandis que je me glissais dans le taillis. L'honnête seigneur put se dire du moins qu'il avait été tué par des amis.

—Le coup était hardi, reprit Ferrante ; mais, si je jetais un regard en arrière sur ma jeunesse évanouie, je pourrais y trouver un exploit encore plus audacieux. J'avais affaire comme toi, Fracasso, à un chef de partisans toujours bien monté et escorté. C'était dans une forêt des

Abruzzes : j'allai me poster sur le passage de l'individu et, grimpant sur un chêne énorme, je me couchai sur une grosse branche qui traversait le chemin, et j'attendis en rêvant. Le soleil se levait, et ses premiers rayons tombaient en longs filets de pâle lumière à travers les rameaux moussus ; l'air du matin circulait frais et vif et sillonné de chansons d'oiseaux. tout à coup...

— Chut! interrompit Procope, j'entends des pas : attention! c'est notre homme.

— Bon! murmura Maledent en jetant autour de lui un regard furtif; tout est désert et silencieux aux alentours, la chance est pour nous.

— Ils redevinrent immobiles et muets : on ne distinguait pas leurs brunes et terribles figures dans l'ombre crépusculaire, mais on voyait leurs yeux brillants, leurs mains frémissantes sur les rapières, leur pose d'attente effarée : ils formaient dans ces demi-ténèbres un groupe saisissant et fièrement campé, que le pinceau de Salvator Rosa seul pourrait reproduire heureusement.

C'était en effet Benvenuto qui s'avançait d'un pas rapide, Benvenuto qui, ainsi que nous l'avons dit, avait conçu quelque soupçon, et qui de son regard perçant sondait prudemment l'obscurité devant lui. D'ailleurs, habitué à l'obscurité, il put voir à vingt pas les quatre bandits sortir de leur embuscade et, avant qu'ils fussent sur lui, il eut le temps de couvrir son cabas de sa cape, et de mettre l'épée à la main. En outre, avec le sang-froid qui ne l'abandonnait jamais, il prit le soin de s'adosser contre le mur de l'église, et vit ainsi de face tous ses assaillants.

Ils l'attaquèrent vivement; pas moyen de s'enfuir, inutile de crier, le château était à plus de cinq cents pas; mais Benvenuto n'en était pas à son apprentissage en fait d'armes; il reçut les bandits avec vigueur.

Tout en estocadant, comme sa pensée restait parfaitement libre, une idée lui traversa l'esprit comme un éclair : évidemment ce guet-apens n'était dirigé que contre lui, Benvenuto. S'il pouvait parvenir à donner le change à ses assassins, il était sauvé. Il se mit donc, sous le fer de leurs épées, à les railler de leur prétendue méprise.

— Ah! que vous prend-il donc, mes braves? Êtes-vous fous? que prétendez-vous gagner avec un pauvre militaire comme moi? Est-ce à ma cape que vous en voulez? Est-ce mon épée qui vous tente? Attends, attends, toi! gare à tes oreilles, sangdieu! Si vous en voulez à ma brave lame, il faut la gagner; mais, pour des voleurs qui n'en paraissent pas à leur coup d'essai. vous n'avez pas bon nez, mes enfants.

Et ce disant il les pressait lui-même au lieu de reculer devant eux, mais ne quittant son mur que d'un ou deux pas pour revenir s'y adosser aussitôt, frappant continuellement d'estoc et de taille, et ayant soin de se découvrir plusieurs fois, afin que, s'ils avaient été prévenus par les domestiques du comte d'Orbec, qu'il avait vus s'éloigner et qui l'avaient vu compter l'or, ils s'imaginassent qu'il n'avait point cet or sur lui. En effet, l'assurance de ses paroles et son aisance à manier l'épée avec mille écus d'or sous le bras, jetèrent des doutes dans l'esprit des bravi.

— Ah çà! est-ce que réellement nous nous tromperions, Ferrante? dit Fracasso.

— J'en ai peur. L'homme me semblait moins grand ou, si c'est lui, il n'a pas l'or, et ce damné vicomte nous a dupés.

— Moi, de l'or! s'écria Benvenuto tout en s'escrimant de la meilleure grâce, je n'ai d'or qu'une poignée en cuivre dédoré ; mais, si vous l'ambitionnez, mes enfants, vous la payerez plus cher que si elle était d'or et qu'elle appartînt à un autre, je vous en préviens.

— Au diable ! dit Procope, c'est véritablement un militaire. Est-ce qu'un orfévre ferait des armes de cette force ? Essoufflez-vous si cela vous convient, à vous autres; moi je ne me bats pas pour la gloire.

Et Procope commença de se retirer en grondant, tandis que l'attaque des autres se ralentissait à la fois de leur doute et de son absence. Benvenuto, plus mollement harcelé, en profita pour se dégager et pour se diriger vers l'hôtel en rompant devant ses ennemis, mais sans cesser de se battre et de leur tenir tête. Le rude sanglier traînait avec lui les chiens vers son bouge.

— Allons, allons, venez avec moi, mes braves, disait Benvenuto; accompagnez-moi jusqu'à l'entrée du Pré-aux-Clercs, à la Maison-Rouge, chez mon infante qui m'attend ce soir, et dont le père vend du vin. La route n'est pas sûre, à ce que l'on dit, et je ne serai point fâché d'avoir une escorte.

Sur cette plaisanterie Fracasso renonça aussi à la poursuite et alla rejoindre Procope.

— Nous sommes des fous, Ferrante! dit Maledent : ce n'est point là ton Benvenuto! va!

— Si! si! au contraire, c'est lui, c'est lui-même, s'écria Ferrante, qui venait enfin d'apercevoir le cabas enflé d'argent sous le bras de Benvenuto, dont un mouvement trop brusque avait dérangé le manteau.

Mais il était trop tard. L'hôtel n'était plus qu'à une cinquantaine de pas, et Benvenuto, de sa voix puissante, s'était mis à crier dans le silence et dans la nuit : « A moi, de l'hôtel de Nesle[1] au secours ! à moi ! » Fracasso eut à peine le temps de revenir sur ses pas, Procope d'accourir de loin, Ferrante de redoubler d'effort avec Maledent ; les ouvriers qui attendaient leur maître étaient sur le qui-vive. La porte du château s'ouvrit donc au premier cri, et l'énorme Hermann, le petit Jehan, Simon-le-Gaucher et Jacques Aubry s'élancèrent armés de piques.

A cette vue les bravi s'enfuirent.

— Attendez donc, mes chers petits ! criait Benvenuto aux fuyards ; ne voulez-vous donc pas m'escorter encore un peu ? O les maladroits, qui n'ont pu prendre à un homme seul mille écus d'or qui lui fatiguaient le bras !

En effet, les brigands n'avaient réussi qu'à faire à leur ennemi une légère égratignure à la main, et ils se sauvaient tout penauds, tandis que de son côté Fracasso se sauvait hurlant. Le pauvre Fracasso, dans les derniers coups, avait eu l'œil droit emporté, accident dont il resta borgne le reste de ses jours, ce qui rembrunit encore la teinte de mélancolie qui formait le caractère saillant de sa physionomie pensive.

— Or çà, mes enfants, dit Benvenuto

à ses compagnons quand le bruit des pas des bravi se fut perdu dans le lointain, il s'agit d'aller souper après ce bel exploit. Venez tous boire à ma délivrance, mes chers sauveurs! Mais, vrai Dieu! je ne vois pas Ascanio parmi vous. Où donc est Ascanio?

En effet, on se rappelle qu'Ascanio avait quitté le maître en sortant du Louvre.

— Moi je sais où il est, dit le petit Jehan.

— Et où est-il, mon enfant? demanda Benvenuto.

— Au fond du jardin du Grand-Nesle, où il se promène depuis une demi-heure ; nous avons été, l'écolier et moi, pour causer avec lui, mais il nous a priés de le laisser seul.

— C'est étrange! se dit Benvenuto. Comment n'a-t-il pas entendu mon cri? Comment n'est-il pas accouru avec les autres? Ne m'attendez pas et soupez sans moi, enfants, dit Benvenuto à ses compagnons. Ah! te voilà, Scozzone?

— O mon Dieu, que me dit-on? que l'on a voulu vous assassiner, maître!

— Oui, oui, il y a eu quelque chose comme cela.

— Jésus! s'écria Scozzone.

— Ce n'est rien, ma bonne fille, ce n'est rien, répéta Benvenuto pour rassurer la pauvre Catherine, qui était devenue pâle comme la mort. Maintenant il s'agit de monter du vin et du meilleur pour ces braves garçons. Prends les clefs de la cave à dame Ruperte, Scozzone, et choisis-le de ta main.

— Mais vous n'allez pas sortir de nouveau? dit Scozzone.

— Non, sois tranquille, je vais retrouver Ascanio, qui est dans le jardin du Grand-Nesle; j'ai à causer avec lui d'affaires graves.

Les compagnons et Scozzone rentrèrent dans l'atelier, et Benvenuto s'achemina vers la porte du jardin.

La lune se levait en ce moment, et le maître vit bien distinctement Ascanio; mais, au lieu de se promener, le jeune homme grimpait à une échelle adossée contre le mur du Petit-Nesle. Arrivé au faîte, il enjamba la muraille, tira l'échelle à lui, la fit passer de l'autre côté et disparut.

Benvenuto passa la main devant ses yeux comme fait un homme qui ne peut croire à ce qu'il voit; puis, prenant une résolution subite, il alla droit à la fonderie, monta dans sa cellule, enjamba sa croisée, et d'un saut calculé se trouva sur le mur du Petit-Nesle; alors, s'aidant d'une vigne qui étendait là ses branches noueuses, il se laissa tomber sans bruit dans le jardin de Colombe : il avait plu le matin, et l'humidité de la terre amortissait le bruit des pas de Benvenuto.

Il colla alors son oreille contre le sol

et interrogea le silence sans résultat pendant plusieurs minutes. Enfin quelques chuchotements qu'il entendit dans le lointain le guidèrent; il se releva aussitôt et se mit à s'avancer avec précaution en tâtonnant et en s'arrêtant à chaque pas. Bientôt le bruit des voix devint plus distinct. Benvenuto se dirigea du côté d'où venait le bruit; enfin, arrivé à la seconde allée qui traversait le jardin, il reconnut ou plutôt devina dans les ténèbres Colombe vêtue d'une robe blanche et assise près d'Ascanio sur le banc que nous connaissons déjà. Les deux enfants parlaient d'une voix basse, mais animée et distincte.

Caché par un massif d'arbres, Benvenuto s'approcha d'eux et écouta.

CHAPITRE V.

LE SONGE D'UNE NUIT D'AUTOMNE.

C'était par une belle soirée d'automne, calme et transparente. La lune avait chassé presque tous les nuages, et ceux qui restaient encore au ciel glissaient éloignés les uns des autres sur un fond bleu semé d'étoiles. Autour du groupe qui causait et écoutait dans le jardin du Petit-Nesle tout était calme et silencieux, mais en eux tout était troublé et frémissant.

— Ma bien-aimée Colombe, disait Ascanio tandis que Benvenuto, debout derrière lui, froid et pâle, ne croyait pas entendre ces paroles avec son oreille mais avec son cœur; ma fiancée chérie! que suis-je venu faire, hélas! dans votre destinée! Quand vous saurez tout ce que je vous apporte de malheur et d'épouvante, vous allez me maudire de m'être fait le messager de pareilles nouvelles.

— Vous vous trompez, mon ami, répondit Colombe : quoi que vous puissiez me dire, je vous bénirai; car je vous regarde comme venant de la part de Dieu. Je n'ai jamais entendu la voix de ma mère, mais je sens que je l'eusse écoutée comme je vous écoute. Parlez donc, Ascanio, et si vous avez des choses terribles à m'apprendre, eh bien! votre voix me consolera déjà un peu de ce que vous me direz.

— Appelez donc à votre aide tout votre courage et toutes vos forces, dit Ascanio.

Et il lui raconta ce qui s'était passé, lui présent, entre madame d'Étampes et le comte d'Orbec; il exposa tout ce complot, mélange de trahison contre l'intérêt d'un royaume et de projets contre l'honneur d'un enfant; il endura le supplice d'expliquer à cette âme ingénue et tout étonnée du mal le traité infâme du trésorier; il dut faire comprendre à cette jeune fille, pure au point de ne pas même rougir à ses paroles, les cruels raffinements de haine et d'ignominie que l'amour blessé avait inspirés à la favorite. Tout ce que Colombe put nettement concevoir, c'est que son amant était pénétré de dégoût et de terreur, et, pauvre lierre qui n'avait d'autre appui que l'arbrisseau auquel elle s'était attachée, elle trembla et frissonna comme lui.

— Ami, lui dit-elle, il faut révéler à mon père tout cet affreux dessein contre mon honneur. Mon père ne se doute pas de notre amour, mon père vous doit la vie, mon père vous écoutera. Oh! soyez tranquille, il arrachera ma destinée aux mains du comte d'Orbec.

— Hélas! fit pour toute réponse Ascanio.

— O mon ami! s'écria Colombe, qui comprit tout ce que contenait de doute l'exclamation de son amant; oh! soupçonneriez-vous mon père d'une si odieuse complicité? Ce serait mal, Ascanio. Non, mon père ne sait rien, ne se doute de rien, j'en suis sûre, et, bien qu'il ne m'ait jamais témoigné une grande tendresse, il ne voudrait pas me tremper de sa propre main dans la honte et dans le malheur.

— Pardon, Colombe, reprit Ascanio, mais c'est que votre père n'est point habitué à voir le malheur dans la fortune, c'est qu'un titre lui cacherait une honte, c'est que son orgueil de courtisan vous croirait plus heureuse maîtresse d'un roi que femme d'un artiste. Je ne dois rien vous cacher, Colombe : le comte d'Orbec disait à madame la duchesse d'Étampes qu'il répondait de votre père.

— Est-il possible, Dieu juste! s'écria la jeune fille. Est-ce que cela s'est jamais vu, Ascanio, des pères qui ont vendu leur enfant?

— Cela s'est vu dans tous les pays et dans tous les temps, mon pauvre ange, et surtout dans ce temps et dans ce pays. Ne vous faites pas le monde à l'image de votre âme et la société à celle de votre vertu. Oui, oui, Colombe, les plus nobles noms de la France ont affermé sans pudeur au libertinage royal la jeunesse et la beauté de leurs femmes et de leurs filles; c'est chose toute simple à la cour, et votre père, s'il veut se donner la peine de se justifier, ne manquera pas d'illustres exemples. Je te demande pardon, mon aimée, de froisser si brusquement ton âme chaste et sainte au contact de la hideuse réalité; mais c'est nécessaire, enfin, et il faut bien te montrer l'abîme où l'on te pousse.

— Ascanio, Ascanio, s'écria Colombe en cachant sa tête sur l'épaule du jeune homme, quoi! mon père aussi se tourne contre moi! Oh! rien que de le répéter j'ai honte! Où donc me réfugier, alors? Oh! dans vos bras, Ascanio! Oui, c'est à vous de me sauver! Avez-vous parlé à votre maître, à ce Benvenuto si fort, si bon et si grand, à ce que vous m'avez dit, et que j'aime parce que vous l'aimez?

— Ne l'aime pas, ne l'aime pas, Colombe! s'écria Ascanio.

— Et pourquoi cela ? murmura la jeune fille.

— Parce qu'il vous aime, vous, parce qu'au lieu d'un ami, sur lequel nous avions cru pouvoir compter, c'est un ennemi que nous allons avoir à combattre ; un ennemi, entendez-vous ! et le plus terrible de nos ennemis. Écoutez.

Alors Ascanio raconta à Colombe comment, au moment où il allait tout confier à Benvenuto, celui-ci lui avait révélé son amour idéal, et comment le ciseleur chéri de François Ier, grâce à cette foi de gentilhomme à laquelle le roi n'avait jamais manqué, pouvait obtenir tout ce qu'il demanderait après la fonte du Jupiter. Or, comme on le sait, ce que comptait demander Benvenuto Cellini, c'était la main de Colombe.

— Mon Dieu, il ne nous reste donc plus que vous! dit Colombe en levant ses beaux yeux et ses blanches mains vers le ciel. Tout allié nous devient ennemi, tout port se change pour nous en écueil. Êtes-vous bien certain que nous soyons abandonnés à ce point, Ascanio?

— Oh! que trop certain, dit le jeune homme. Mon maître est aussi dangereux pour nous que votre père, Colombe. Oui, lui, lui, s'écria Ascanio en joignant les mains; lui, Benvenuto, mon ami, mon maître, mon protecteur, mon père, mon Dieu, me voilà presque forcé de le haïr. Et cependant pourquoi lui en voudrais-je, je vous le demande, Colombe! Parce qu'il a subi l'ascendant auquel doit céder tout esprit élevé qui vous rencontrera; parce qu'il vous aime comme je vous aime. Son crime est le mien, après tout. Seulement vous, Colombe, vous m'aimez, et je suis absous. Que faire, mon Dieu? Ah! depuis deux jours je m'interroge, et je ne sais si je commence à le détester ou si je le chéris toujours. Il vous aime, c'est vrai; mais il m'a tant aimé, moi aussi! ma pauvre âme vacille et tremble au milieu de ce trouble comme un roseau dans la tempête. Que fera-t-il, lui? Oh! je vais d'abord l'informer des desseins du comte d'Orbec, et j'espère qu'il nous en délivrera.

Mais après cela, quand nous nous trouverons face à face en ennemis, quand je lui dirai que son élève est son rival, Colombe, sa volonté toute-puissante comme le destin est peut-être aveugle comme lui : il oubliera Ascanio pour ne plus penser qu'à Colombe, il détournera les yeux de l'homme qu'il aima pour ne plus voir que la femme qu'il aime, car je sens aussi qu'entre lui et vous moi je n'hésiterais pas. Je sens que je sacrifierais sans remords le passé de mon cœur à son avenir, la terre au ciel! Pourquoi agirait-il autrement? Il est homme, et sacrifier son amour serait un acte au-dessus de l'humanité.

Nous lutterons donc l'un contre l'autre, mais comment lui résisterai-je, moi, faible et isolé que je suis? Oh! n'importe, Colombe! quand j'en arriverais un jour à haïr celui que j'ai tant et si long-temps aimé, non, je vous le dis, non, je ne voudrais pas pour tout au monde lui faire endurer le supplice dont il m'a torturé l'autre matin en me déclarant son amour pour vous!

Cependant Benvenuto, immobile

comme une statue derrière l'arbre, sentait des gouttes de sueur glacée perler sur son front, et sa main se crisper convulsivement sur son cœur.

— Pauvre Ascanio! cher ami! reprit Colombe, vous avez beaucoup souffert déjà et beaucoup à souffrir encore! Pourtant, mon ami, attendons l'avenir avec calme. Ne nous exagérons pas nos douleurs, tout n'est pas désespéré. Pour résister au malheur, pour conjurer notre destinée, nous sommes trois, en comptant Dieu. Vous aimeriez mieux me voir à Benvenuto qu'à d'Orbec, n'est-ce pas? Mais vous aimeriez encore mieux me voir au Seigneur qu'à Benvenuto? Eh bien! si je ne suis pas à vous, je ne serai qu'au Seigneur, dites-vous-le bien, Ascanio. Votre femme en ce monde ou votre fiancée pour l'autre, voilà la promesse que je vous ai faite et que je tiendrai, Ascanio; soyez tranquille.

— Merci, ange du ciel, merci! dit Ascanio. Oublions donc ce vaste monde qui s'étend autour de nous, et concentrons notre vie dans ce petit bosquet où nous sommes. Colombe, vous ne m'avez pas dit encore que vous m'aimez. Hélas! il semblerait que vous êtes à moi parce que vous ne pouvez faire autrement.

— Tais-toi, Ascanio, tais-toi donc, dit Colombe, tu vois bien que je cherche à sanctifier mon bonheur en en faisant un devoir. Je t'aime, Ascanio, je t'aime!

Benvenuto n'eut plus la force de rester debout; il tomba sur ses genoux, appuya sa tête contre l'arbre; ses yeux hagards se fixaient vaguement dans l'espace, tandis que, l'oreille tournée vers les deux jeunes gens, il écoutait avec toute son âme.

— Ma Colombe, répétait Ascanio, je t'aime, et quelque chose me dit que nous serons heureux, et que le Seigneur n'abandonnera pas son plus bel ange. O mon Dieu, je ne me rappelle plus, au milieu de cette atmosphère de joie qui t'entoure, ce cercle de douleur où je vais rentrer en te quittant.

Il faut cependant songer à demain, dit Colombe; aidons-nous, Ascanio, aidons-nous pour que Dieu nous aide. Il ne serait pas loyal, je crois, de laisser ignorer à votre maître Benvenuto notre amour, il s'exposerait peut-être à de graves dangers en luttant contre madame la duchesse d'Étampes et le comte d'Orbec. Cela ne serait pas juste; il faut l'avertir de tout, Ascanio.

— Je vous obéirai, chère Colombe, car une parole de vous, vous le sentez bien, c'est un ordre. Puis mon cœur aussi me dit que vous avez raison, raison toujours. Mais le coup que je lui porterai sera terrible. Hélas! j'en juge d'après mon cœur. Il est possible que son amour pour moi se tourne en haine, il est possible qu'il me chasse. Comment résisterai-je alors, moi étranger, sans appui, sans asile, à d'aussi puissants ennemis que la duchesse d'Étampes et le trésorier du roi? Qui m'aidera à déjouer les projets de ce couple terrible? qui voudra s'engager avec moi dans cette guerre inégale? qui me tendra la main?

— Moi! dit derrière les deux jeunes gens une voix profonde et grave.

— Benvenuto! s'écria l'apprenti sans même avoir besoin de se retourner.

Colombe jeta un cri et se leva précipitamment. Ascanio regardait le maître indécis entre sa colère et son amitié.

— Oui, c'est moi, moi, Benvenuto Cellini, reprit l'orfévre; moi que vous n'aimez point, mademoiselle, moi que tu n'aimes plus, Ascanio, et qui viens vous sauver pourtant tous deux.

— Que dites-vous là! s'écria Ascanio.

— Je dis qu'il faut revenir vous asseoir auprès de moi, car il faut nous entendre.

Vous n'avez à m'informer de rien. Je n'ai pas perdu un mot de votre conversation. Pardonnez-moi de l'avoir surprise par hasard; mais vous comprenez : mieux vaut que je sache tout. Vous avez dit des choses tristes et terribles pour moi, mais des choses bonnes aussi. Ascanio a eu quelquefois raison et quelquefois tort. Il est bien vrai, mademoiselle, que je vous aurais disputée à lui ; mais, puisque vous l'aimez, tout est dit, soyez heureux; il vous a défendu de m'aimer, mais je vous y forcerai bien en vous donnant à lui.

— Cher maître! s'écria Ascanio.

— Vous souffrez beaucoup, monsieur, dit Colombe en joignant les mains.

— Oh! merci! dit Benvenuto, dont les

yeux se mouillèrent et qui se contint cependant. Vous voyez cela, vous, que je souffre. Ce n'est pas lui qui s'en serait aperçu, l'ingrat! Mais rien n'échappe aux femmes. Oui, je ne veux pas vous mentir, je souffre! C'est tout simple, je vous perds; mais en même temps je suis heureux de pouvoir vous servir : vous me devrez tout; cela me console un peu. Tu te trompais, Ascanio : ma Béatrix est jalouse et ne voulait pas de rivale; c'est toi, Ascanio, qui achèveras la statue d'Hébé. Adieu mon plus beau rêve! le dernier!

Benvenuto parlait ainsi avec effort, d'une voix brève et saccadée. Colombe se pencha vers lui avec grâce, et mettant sa main dans les siennes, lui dit doucement :

— Pleurez, mon ami, pleurez.

— Oui, vous avez raison ! dit Cellini éclatant en sanglots.

Il resta quelque temps ainsi, debout, pleurant sans rien dire et tout secoué de tremblements intérieurs ; sa forte nature se soulageait par ses larmes long-temps comprimées. Ascanio et Colombe regardaient avec respect cette profonde douleur.

— Excepté le jour où je t'ai blessé, Ascanio, excepté le moment où j'ai vu couler ton sang, voilà vingt ans que je n'ai pleuré, dit-il en se remettant ; mais aussi le coup a été affreux ! Tenez, je souffrais tant tout à l'heure derrière ces arbres, que j'ai eu un moment la tentation de me poignarder tout de suite. Ce qui m'a retenu, c'est que vous aviez besoin de moi.

Ainsi vous m'avez sauvé la vie. Tout est dans l'ordre, après tout. Ascanio a vingt ans de bonheur à vous donner plus que moi, Colombe. Et puis il est mon enfant; vous serez bien heureux ensemble, et cela me réjouira comme un père. Benvenuto saura triompher de Benvenuto comme de vos ennemis. C'est notre lot de souffrir, à nous autres créateurs, et de chacune de mes larmes éclora peut-être quelque belle statue, comme de chacune des larmes de Dante a éclaté un sublime chant. Vous le voyez, Colombe, j'en reviens déjà à mon ancien amour, ma sculpture chérie : elle ne m'abandonnera jamais, celle-là. Vous avez bien fait de me faire pleurer; toute l'amertume de mon cœur s'en est allée avec mes larmes. Je reste triste, mais je suis redevenu bon, et je me distrairai de ma peine en vous sauvant.

Ascanio prit une main du maître et la serra dans les siennes. Colombe prit l'autre et la porta à ses lèvres. Benvenuto respira plus largement qu'il n'avait fait encore, et relevant et secouant la tête :

— Voyons, dit-il en souriant, ne m'affaiblissez pas, ménagez-moi, mes enfants. Le mieux est de ne jamais reparler de tout ceci. Désormais, Colombe, je serai votre ami, rien de plus. Pardon, je me trompe, quelque chose de plus : je serai votre père. Le reste est un songe. Maintenant causons de ce que nous devons faire et des dangers qui vous menacent. Je vous entendais tout à l'heure faire vos projets et dresser vos plans. Vous êtes bien jeunes, mon Dieu ! et vous ne savez guère l'un et l'autre ce que c'est que la vie. Vous vous offrez candidement désarmés aux coups du sort, et vous espérez vaincre la méchanceté, la cupidité, toutes les passions hurlantes avec votre bonté et vos sourires! chers fous! allons, je serai fort, rusé, implacable à votre place. J'y suis habitué, moi; mais vous, Dieu vous a créés pour le bonheur et le calme, mes beaux anges, je veillerai à ce que vous remplissiez votre destination.

Ascanio, la colère ne ridera pas ton front blanc; la douleur, Colombe, ne dérangera pas les lignes pures de ton visage. Je vous prendrai dans mes bras, charmant couple aux doux yeux; je vous ferai traverser ainsi toutes les fanges et toutes les misères de la vie, et je ne vous déposerai sains et saufs que dans la joie; et puis je vous regarderai et je serai joyeux en vous. Seulement, il faut que vous ayez en moi une confiance aveugle; j'ai mes façons d'agir, brusques, étranges, et qui vous effaroucheront peut-être, Colombe. Je me comporte un peu à la manière de l'artillerie et vais droit au but sans me soucier de ce que je rencontre en chemin. Oui, je regarde plus à la pureté de mes intentions, je le sais, qu'à la moralité de mes moyens.

Quand je veux modeler une belle nature, je ne m'inquiète guère si l'argile me salit les doigts. La statue achevée, je me lave les mains, voilà tout. Que votre âme délicate et timorée me laisse donc, mademoiselle, la responsabilité de mes actes devant Dieu; nous nous comprenons, lui et moi. J'aurai affaire ici à forte partie. Le comte est ambitieux, le prévôt avare, la duchesse adroite. Ils sont tous trois tout-puissants. Vous êtes en leur pouvoir et sous leurs mains, et deux d'entre eux ont sur vous des droits; il faudra peut-être employer l'astuce et la violence. Mais je ferai en sorte que vous restiez aussi bien qu'Ascanio en dehors d'une lutte indigne de vous. Voyons, Colombe, êtes-vous prête à fermer les yeux et à vous laisser mener? Quand je vous dirai « Faites cela, » le ferez-vous? « Restez là, » y resterez-vous? « Allez, » irez-vous?

— Que dit Ascanio? demanda Colombe.

— Colombe, répondit l'apprenti, Benvenuto est bon et grand; il nous aime et nous pardonne le mal que nous lui avons fait. Obéissons-lui, je vous en conjure.

— Ordonnez, maître, dit Colombe, et

je vous obéirai comme si vous étiez l'envoyé de Dieu.

— Bien, mon enfant. Je n'ai plus à vous demander qu'une chose qui vous coûtera peut-être, mais à laquelle il faut vous décider ; après quoi votre rôle se bornera à attendre et à laisser faire les événements et moi. Et pour que vous ayez en moi encore plus de foi tous deux, pour que vous n'hésitiez pas à vous confier à un homme dont la vie peut-être fut souillée mais dont le cœur est demeuré pur, je vais vous dire l'histoire de ma jeunesse. Hélas ! toutes les histoires se ressemblent, et au fond de chacune siége la douleur. Ascanio, je vais te dire comment ma Béatrix, l'ange dont je t'ai parlé, s'est mêlée à mon existence ; tu sauras qui elle fut, et tu t'étonneras moins sans doute de ma résignation à t'abandonner Colombe quand tu verras que par ce sacrifice je commence seulement à payer à l'enfant la dette de larmes contractée envers la mère. Ta mère! une sainte du paradis, Ascanio! Béatrix veut dire bienheureuse; Stéphana veut dire couronnée.

— Vous m'avez toujours dit, maître, qu'un jour vous m'apprendriez toute cette histoire.

— Oui, reprit Cellini, et le moment est venu de vous la faire connaître. Cela vous donnera plus de confiance encore en moi, Colombe, quand vous saurez toutes les raisons que j'ai d'aimer notre Ascanio.

Alors Benvenuto, prenant dans ses mains les mains de ses deux enfants, se mit à raconter ce qui suit de sa voix grave et harmonieuse, sous les étoiles qui scintillaient au ciel, et dans le calme et le silence de cette nuit embaumée.

CHAPITRE VI.

STÉPHANA.

Il y a vingt ans j'avais vingt ans comme toi, Ascanio, et je travaillais chez un orfévre de Florence appelé Raphaël del Moro. C'était un bon ouvrier et qui ne manquait pas de goût; mais il aimait mieux le repos que l'ouvrage, se laissant entraîner aux parties de plaisir avec une facilité désespérante et, pour peu qu'il eût d'argent, débauchant lui-même ceux de l'atelier. Bien souvent je restais seul à la maison à terminer en chantant quelque travail commencé. Je chantais dans ce temps-là comme Scozzone. Tous les fainéants de la ville venaient naturellement demander chez maître Raphaël de l'occupation ou plutôt des plaisirs, car il avait la réputation d'être trop faible pour jamais quereller. Avec ces façons d'agir on ne s'enrichit guère ; aussi était-il toujours à court, et devint-il bientot l'orfévre le plus discrédité de Florence.

Je me trompe. Il avait un confrère encore moins achalandé que lui et qui cependant était d'une noble maison d'artistes ; mais ce n'était pas pour l'inexactitude des payements que Gismondo Gaddi était décrié, c'était pour son insigne inhabileté et surtout pour son avarice sordide. Comme tout ce qu'on lui confiait sortait manqué ou gâté de ses mains et que pas un chaland, à moins qu'il ne fût étranger, ne se hasardait dans sa boutique, ce Gismondo se mit pour vivre à faire l'usure et à prêter à des intérêts énormes aux fils de famille qui escomptaient leur avenir. Ce commerce-là lui réussit mieux que l'autre, vu que le Gaddi exigeait toujours de bons gages et ne s'engageait dans aucune affaire sans de sûres garanties. A cela près il était, comme il le disait lui-même, très-sage et très-tolérant : il prêtait à tout le monde, aux compatriotes et aux étrangers, aux juifs et aux chrétiens. Il eût prêté à saint Pierre sur les clefs du paradis, il eût prêté à Satan sur ses propriétés en enfer.

Ai-je besoin de dire qu'il prêtait à mon pauvre Raphaël del Moro, qui mangeait chaque jour son lendemain, et dont l'intègre probité ne s'était jamais démentie ! Les relations continuelles d'affaires, l'espèce d'interdiction dont on les frappait, leur voisinage enfin rapprochèrent les deux orfévres. Del Moro était pénétré de reconnaissance pour l'obligeance inépuisable de son compère à lui avancer de l'argent. Gaddi estimait profondément un débiteur honnête et commode. Ils étaient, en un mot, les meilleurs amis du monde, et Gismondo n'eût pas manqué pour un empire une des parties dont Raphaël Moro le régalait.

Del Moro était veuf, mais il avait une fille de seize ans appelée Stéphana.

Stéphana, à l'étudier en sculpteur, n'était pas belle, et cependant son premier aspect vous saisissait. Sous son front, trop haut et trop peu uni pour celui d'une femme, on voyait, pour ainsi dire, sourdre la pensée. Ses grands yeux humides et d'un noir velouté vous pénétraient de respect et d'attendrissement en se fixant sur vous. Une pâleur d'ambre voilait toute sa figure d'un nuage qu'éclairait, comme le faible rayon d'une matinée d'automne, un regard triste et charmant. J'oublie une couronne d'abondants cheveux noirs et des mains de reine.

Stéphana se tenait d'ordinaire penchée comme un lis ployé par un vent d'orage. On eût dit d'une statue de la Mélancolie. Lorsqu'elle se relevait, lorsque ses beaux yeux s'animaient, que ses narines se dilataient, que son bras étendu donnait un ordre, on l'eût adorée comme l'ange Gabriel. Elle te ressemblait, Ascanio, mais tu as de moins qu'elle sa faiblesse et sa souffrance. Jamais l'âme immortelle ne s'est plus clairement révélée à mes yeux que dans ce corps frêle, élégant et souple. Del Moro, qui redoutait sa fille presque autant qu'il l'aimait, avait coutume de dire qu'il n'avait mis au tombeau que le corps de sa femme et que Stéphana était l'esprit de la morte.

J'étais dans ce temps-là un jeune homme aventureux, étourdi, ardent. J'aimais avant tout la liberté ; la sève débordait en moi, et je dépensais cette fougue en querelles folles et en folles amours. Je travaillais néanmoins comme je m'amusais, avec passion, et malgré mes boutades j'étais encore le meilleur ouvrier de Raphaël et le seul qui gagnât quelque argent à la maison. Mais ce que je faisais de bien, je le faisais d'instinct et comme par hasard. J'avais assidument étudié les antiques. Pendant des jours entiers j'étais resté penché sur les bas-reliefs et les statues d'Athènes et de Rome, les commentant avec le crayon et le ciseau, et la continuelle fréquentation de ces sublimes sculpteurs anciens m'avait donné la pureté et la sûreté de la forme ; mais j'imitais avec bonheur, je ne créais pas. Toutefois, je vous le répète, j'étais sans conteste et sans peine le plus habile et le plus laborieux parmi les compagnons de del Moro. Aussi le secret désir du cher maître était-il, je l'ai su depuis, de me faire épouser sa fille.

Mais je me souciais bien du ménage, ma foi ! j'avais soif d'indépendance, d'oubli et de grand air ; je restais des jours entiers absent de la maison ; je rentrais écrasé de fatigue, et pourtant en quelques heures j'avais rattrapé et dépassé les autres ouvriers de Raphaël ; je me battais pour un mot, je m'amourachais pour un coup d'œil. Le beau mari que j'aurais fait !

D'ailleurs, l'émotion que je ressentais auprès de Stéphana ne ressemblait en rien à celles que me faisaient éprouver les jolies femmes de Porta del Prato ou de Borgo Pinti. Elle m'intimidait presque ; on m'eût dit que je l'aimais autrement qu'une sœur aînée, j'aurais ri. Quand je revenais de quelqu'une de mes escapades, je n'osais pas lever les yeux sur Stéphana. Elle était plus que sévère, elle était triste. Lorsque au contraire la fatigue ou un beau mouvement de zèle m'avait retenu à la maison, je recherchais Stéphana, son doux regard et sa douce voix : l'affection que je lui portais avait quelque chose de sérieux et de sacré dont je ne me rendais pas bien compte, mais qui me charmait. Bien souvent, au milieu de mes joies bruyantes, la pensée de Stéphana traversait mon esprit et l'on me demandait pourquoi j'étais devenu soucieux; parfois, quand je tirais l'épée ou le poignard, je prononçais son nom comme celui de ma sainte, et je remarquai que, chaque fois que cela m'était arrivé, je m'étais retiré du combat sans blessure. Mais ce doux sentiment pour cette chère enfant, belle, innocente et tendre, restait au fond de mon cœur comme en un sanctuaire, et je ne le regardais jamais.

Quant à elle, il est certain que, froide et digne avec mes paresseux compagnons, elle était pour moi pleine d'indulgence et de bonté. Elle venait parfois s'asseoir dans l'atelier auprès de son père, et, courbé sur mon ouvrage, je sentais pourtant son regard arrêté sur moi. J'étais fier et heureux de cette préférence, même sans me l'expliquer. Si quelque ouvrier, pour me flatter grossièrement, me disait que la fille du maître était amoureuse de moi, je le recevais avec tant de colère et d'indignation qu'il n'y revenait plus.

Un accident qui arriva à Stéphana me prouva jusqu'à quel point elle avait pris racine au plus profond de mon cœur.

Un jour qu'elle se trouvait dans l'atelier, elle ne tira pas assez vite sa petite main blanche, et un maladroit ouvrier, qui était ivre, je crois, lui entama avec un ciseau le petit doigt de la main droite et le doigt d'à côté. La pauvre enfant jeta un cri, et puis, comme fâchée d'avoir crié, pour nous rassurer se mit à sourire, mais elle soulevait sa main toute sanglante. Je crois que j'aurais tué l'ouvrier si je n'avais été tout entier à elle.

Le Gismondo Gaddi, qui était présent, dit qu'il connaissait un chirurgien dans le voisinage et courut le chercher. Ce méchant médicarbe pansa en effet Stéphana et vint tous les jours la voir; mais il était si ignorant et si négligent que la gangrène se mit dans la plaie. Là-dessus cet âne déclara doctoralement que, malgré ses efforts, Stéphana, selon toutes les probabilités, resterait estropiée du bras droit.

Raphaël del Moro était déjà dans une trop grande misère pour pouvoir consulter un autre médecin ; mais, sur l'arrêt de l'imbécile docteur, je n'y tins pas : je grimpai à ma chambre, je vidai l'escarcelle qui contenait toutes mes épargnes et je courus chez Giacomo Rastelli de Férouse, le chirurgien du pape et le plus habile praticien de toute l'Italie. Sur mes vives instances, et comme la somme que je lui offrais était fort honnête, il vint tout de suite, disant : « Oh ! les amoureux !... » Après avoir examiné la blessure, il assura qu'il en répondait et qu'avant quinze jours Stéphana se servirait du bras droit comme de l'autre. J'avais envie de l'embrasser, le digne homme. Il se mit à panser ces pauvres chers doigts malades, et Stéphana fut aussitôt soulagée. Mais quelques jours après il fallut enlever la carie des os.

Elle me demanda d'assister à l'opération pour lui donner du courage, et j'en manquais moi-même, et je sentais mon cœur bien petit dans ma poitrine. Maître Giacomo se servait de gros instruments qui faisaient un mal affreux à Stéphana. Elle ne pouvait retenir des gémissements qui retentissaient en moi. Une sueur froide inondait mes tempes.

Enfin, le supplice fut au-dessus de mes forces : ces gros outils qui torturaient ses petits doigts délicats me torturaient moi-même. Je me levai en suppliant maître Giacomo de suspendre l'opération et de m'attendre un demi-quart d'heure seulement.

Je descendis à l'atelier, et là, comme inspiré par un bon génie, je fis un instrument d'acier menu et fin qui coupait comme un rasoir. Je retournai vers le chirurgien, qui commença à opérer si facilement que la chère malade n'éprouvait presque plus de douleur. En cinq minutes, ce fut terminé; et quinze jours après, elle me donnait à baiser cette main que je lui avais conservée, disait-elle.

Mais il me serait impossible de peindre les poignantes émotions à travers lesquelles je passai en voyant souffrir ma pauvre Résignée, comme je l'appelais quelquefois.

La résignation était en effet comme

l'attitude naturelle de son âme. Stéphana n'était pas heureuse, le désordre et l'imprévoyance de son père la navraient; sa seule consolation était la religion : comme tous les malheureux, elle était pieuse. Bien souvent, quand j'entrais dans une église, car j'ai toujours aimé Dieu, je voyais dans un coin retiré Stéphana pleurant et priant.

Dans tous les embarras où l'incurie de maître del Moro la laissait trop fréquemment, elle avait quelquefois recours à moi avec une confiance et une grandeur qui me ravissaient. Elle me disait, la chère fille, avec la simplicité des nobles cœurs : « Benvenuto, je vous prie de passer la nuit au travail pour achever ce reliquaire ou cette aiguière, car nous n'avons plus du tout d'argent. »

Bientôt je pris l'habitude de lui soumettre chaque ouvrage que je terminais, et elle me redressait et me conseillait avec une supériorité singulière. La solitude et la douleur avaient élevé et agrandi sa pensée plus qu'on ne saurait croire; ses paroles à la fois naïves et profondes me firent deviner plus d'un secret de l'art, et ouvrirent souvent à mon esprit de nouvelles perspectives.

Je me rappelle qu'un jour je lui montrai le modèle d'une médaille que j'avais à graver pour un cardinal et qui représentait d'un côté la tête de ce cardinal et de l'autre Jésus-Christ marchant sur la mer et tendant la main à saint Pierre, avec cette légende : *Quare dubitasti?* Pourquoi as-tu douté?

Stéphana fut contente du portrait, qui était très-ressemblant et fort bien venu ; puis elle contempla long-temps le Jésus en silence.

— La figure de notre-Seigneur est parfaitement belle, dit-elle enfin ; et si c'était aussi bien Apollon ou Jupiter, je n'y trouverais rien à redire. Mais Jésus est plus que beau, Jésus est divin : ce visage est d'une pureté de lignes superbe, mais où est l'âme ? J'admire l'homme, mais je cherche le Dieu. Songez, Benvenuto, que vous n'êtes pas seulement un artiste, que vous êtes un chrétien. Voyez-vous, mon cœur a souvent saigné, c'est-à-dire, hélas ! mon cœur a souvent douté ; et moi aussi, relevée de mon abattement, j'ai vu Jésus me tendre la main, je l'ai entendu me dire la sublime parole : « Pourquoi as-tu douté ? »

Ah! Benvenuto, votre image est moins belle que lui. Dans sa céleste figure il y avait en même temps la tristesse du père qu'on afflige et la clémence du roi qui pardonne. Son front rayonnait, mais sa bouche souriait; il était plus que grand, il était bon.

— Attendez, Stéphana! lui dis-je.

J'effaçai ce que j'avais fait, et en un quart d'heure, sous ses yeux, je recommençai la figure de Jésus-Christ.

— Est-ce cela? lui demandai-je en la lui présentant.

— Oh! oui, répondit-elle les larmes aux yeux, c'est bien ainsi que m'est apparu le doux Sauveur aux heures des larmes.

Oui, je le reconnais maintenant à son air de miséricorde et de majesté. Eh bien ! je vous conseille de toujours faire ainsi, Benvenuto ; avant de prendre la cire, ayez la pensée : vous possédez l'instrument, conquérez l'expression ; vous avez la matière, cherchez l'âme : que vos doigts ne soient jamais que les serviteurs de votre esprit, entendez-vous !

Voilà quels avis cette enfant de seize ans me donnait dans son bon sens sublime. Quand je restais seul, je méditais ce qu'elle m'avait dit et je trouvais qu'elle avait raison. Ainsi elle a réglé, éclairé mon instinct. Ayant la forme, je tâchai d'avoir l'idée et de marier si bien idée et forme qu'elles sortissent unies et confondues de mes mains comme Minerve jaillit tout armée du cerveau de Jupiter.

Mon Dieu! que la jeunesse est donc charmante et que ses souvenirs sont puissants! Colombe, Ascanio, cette belle soirée que nous passons ensemble me rappelle toutes celles que j'ai passées assis à côté de Stéphana sur le banc de la maison de son père; elle regardait le ciel, et moi je la regardais. Il y a vingt ans de cela, il me semble que c'est hier; j'étends la main et je crois sentir sa main : c'est la vôtre, mes enfants. Ce que Dieu fait est bien fait!

Oh! c'est que rien qu'à la voir blanche dans sa robe blanche, je sentais le calme descendre dans mon âme. Souvent quand nous nous quittions nous n'avions pas prononcé une parole, et cependant je remportais de ce muet entretien toutes sortes de pensées belles et bonnes qui me faisaient meilleur et plus grand.

Tout cela eut une fin comme tous les bonheurs de ce monde.

Raphaël del Moro n'avait plus guère de progrès à faire dans la misère. Il devait à son bon voisin Gismondo Gaddi deux mille ducats qu'il ne savait comment lui payer. Cette idée mettait cet honnête homme au désespoir. Il voulut du moins sauver sa fille et confia son dessein de me la donner à un ouvrier de l'atelier, sans doute pour qu'il m'en parlât. Mais celui-ci était un de ces imbéciles que j'avais malmenés quand ils m'avaient brutalement jeté à la tête, comme une calomnie, l'affection fraternelle de Stéphana. Le butor ne laissa pas même achever Raphaël.

— Renoncez à ce projet-là, maître del Moro! lui dit-il; la proposition n'aurait pas de succès, je vous en réponds.

— L'orfévre était fier, il crut que je le méprisais à cause de sa pauvreté et ne dit plus un mot sur ce sujet.

A quelque temps de là Gismondo Gaddi vint lui réclamer sa dette, et comme Raphaël demandait encore du temps :

— Écoutez, dit Gismondo, accordez-moi la main de votre fille, qui est sage et économe, et je vous donnerai quittance de tout.

Del Moro fut transporté de joie. Gaddi passait bien pour être un peu avare, un peu brusque et un peu jaloux, mais il était riche, et ce que les pauvres estiment et envient le plus, hélas! c'est la richesse

Quand Raphaël parla de cette proposition inespérée à sa fille, elle ne lui répondit rien; seulement, le soir, quand nous quittâmes pour rentrer à la maison le banc où nous avions passé la soirée, elle me dit :

— Benvenuto, Gismondo Gaddi m'a demandée en mariage, et mon père a donné son consentement.

Sur ces simples mots elle me laissa, et moi je me levai debout, comme poussé par un ressort. Puis, saisi de je ne sais quelle fureur, je sortis de Florence et me mis à errer à travers champs.

Durant toute cette nuit, tantôt courant comme un insensé, tantôt couché sur l'herbe et pleurant, mille pensées folles, désespérées, furieuses, traversèrent mon esprit bouleversé.

— Elle, Stéphana, la femme de ce Gismondo! me disais-je quand, revenant un peu à moi, je cherchais à rassembler mes esprits; cette idée, qui me fait frémir, l'accable et l'épouvante aussi, et, comme sans doute elle me préférerait, oui, c'est cela, elle fait un muet appel à mon amitié, à ma jalousie : oh! certes, je suis jaloux et avec rage; pourtant ai-je le droit de l'être? Gaddi est sombre et violent, mais, soyons juste envers nous-même, quelle femme aussi serait heureuse avec moi? ne suis-je pas de même brutal, fantasque, inquiet, à tous moments engagé dans des disputes dangereuses et des amourettes impies? pourrai-je me dompter? Non, jamais; tant que le sang courra ainsi bouillant dans mes veines, j'aurai toujours la main sur mon poignard et le pied hors du logis.

Pauvre Stéphana! je la ferais pleurer et souffrir, je la verrais pâle et flétrie, je me prendrais en haine, je la prendrais en haine elle-même, comme un reproche vivant. Elle en mourrait, et c'est moi qui l'aurais tuée. Non, je ne suis pas fait, je le sens, hélas! pour les joies calmes et pures de la famille; il me faut la liberté, l'espace, l'orage, tout! plutôt que la paix et la monotonie du bonheur. Je briserais, mon Dieu, dans mes mains maladroites cette fleur délicate et fragile. Je torturerais cette chère vie, cette âme adorable par mes injures, et ma propre existence, mon propre cœur par des remords. Mais sera-t-elle plus heureuse avec ce Gismond'.

Gaddi? Pourquoi l'épouse-t-elle, aussi? Nous étions si bien!

Après tout, le sort et l'esprit d'un artiste, Stéphana ne l'ignore pas, ne s'accommodent guère de ces liens étroits et durs, de ces bourgeoises nécessités d'un ménage. Il faudrait dire adieu à tous mes rêves de gloire, abdiquer l'avenir de mon nom, renoncer à l'art, qui vit de liberté et de puissance. Qu'est-ce qu'un créateur emprisonné au coin du foyer domestique? Dites, ô Dante Alighieri! Michel-Ange, mon maître! comme vous ririez de voir votre élève bercer ses enfants ou demander pardon à sa femme! Non, soyons courageux pour moi, généreux pour Stéphana, restons seul et triste dans mon rêve et dans ma destinée!

Vous le voyez, mes enfants, je ne me fais pas meilleur que je ne l'étais. Il y avait un peu d'égoïsme dans ma détermination, mais il y avait aussi beaucoup de vive et sincère tendresse pour Stéphana, et mon délire semblait avoir raison.

Le lendemain je rentrai assez calme à l'atelier. Stéphana aussi paraissait calme, seulement elle était plus pâle qu'à l'ordinaire. Un mois s'écoula. Un soir Stéphana me dit en me quittant :

— Dans huit jours, Benvenuto, je serai la femme de Gismondo Gaddi.

Comme elle ne partit pas de suite, cette fois-là j'eus le temps de la regarder. Elle était debout, morne, la main sur le cœur et courbée sous la peine. Son beau sourire était triste à faire pleurer. Elle me contemplait avec douleur, mais sans expression de reproche. Mon ange, prêt à abandonner la terre, semblait me dire adieu. Elle resta ainsi muette et immobile une minute et puis rentra dans la maison.

Je ne devais plus la revoir en ce monde.

Cette fois encore je sortis de la ville tête nue et en courant, mais je n'y revins pas le lendemain ni le surlendemain, je continuai de marcher jusqu'à ce que je fusse arrivé à Rome.

Je restai à Rome cinq ans, je commençai ma réputation, je gagnai l'amitié du pape, j'eus des duels, des amours, des succès d'art, mais je n'étais pas content, quelque chose me manquait. Au milieu de toutes ces tempêtes, je ne passais pas un jour sans tourner mes yeux du côté de Florence. Je ne dormais pas une nuit sans revoir, en rêve, la pâle et triste Stéphana debout sur le seuil de la maison de son père et me regardant.

Après cinq ans je reçus de Florence une lettre cachetée de noir. Je l'ai lue et relue tant de fois que je la sais maintenant par cœur.

La voici :

« Benvenuto, je vais mourir. Benvenuto, je vous aimais.

» Voici quels ont été mes rêves. Je vous connaissais aussi bien que vous-même : j'ai pressenti la puissance qui est en vous et qui vous fera grand un jour.

Votre génie, que j'avais lu sur votre large front, dans vos regards ardents, dans vos gestes passionnés, imposait à celle qui porterait votre nom de graves devoirs. Je les acceptais. Le bonheur avait pour moi la solennité d'une mission. Je n'aurais pas été votre femme, Benvenuto, j'aurais encore été votre amie, votre sœur, votre mère. Votre noble existence appartient à tous, je le savais, je n'en aurais pris que le droit de vous consoler dans votre ennui, de vous relever dans vos doutes. Vous eussiez été libre, ami, toujours et partout.

» Hélas! je m'étais habituée dès long-temps à vos douloureuses absences, à toutes les exigences de votre fougue, à tous les caprices de votre âme amante des orages. Toute puissante nature a de puissants besoins. Plus l'aigle a plané long-temps, plus long-temps il est obligé de se reposer sur la terre. Mais quand vous vous seriez arraché aux songes fiévreux du sommeil de votre génie, j'aurais retrouvé au réveil mon sublime Benvenuto, celui que j'aime, celui qui m'eût appartenu à moi seule ! Je n'aurais pas fait un reproche aux heures de l'oubli, car elles n'auraient rien eu d'injurieux pour moi. Quant à moi, vous sachant jaloux comme tout noble cœur, jaloux comme le Dieu de l'Écriture, je serais restée, quand vous n'auriez pas été là, loin des regards, dans la solitude que j'aime, vous attendant et priant pour vous.

» Voilà quelle eût été ma vie.

» Quand j'ai vu que vous m'abandonniez, soumise à la volonté de Dieu et à la vôtre, j'ai fermé les yeux et remis ma destinée aux mains du devoir; mon père m'ordonnait un mariage qui lui épargnait le déshonneur, j'ai obéi. Mon mari a été dur, sévère, impitoyable, il ne s'est pas contenté de ma docilité : il exigeait un amour au-dessus de mes forces, et me punissait en brutalités de mes chagrins involontaires. Je me suis résignée. J'ai été, je l'espère, une épouse digne et pure, mais toujours bien triste, Benvenuto. Dieu, néanmoins, m'a récompensée dès ce monde en me donnant un fils. Les baisers de mon enfant m'ont, pendant quatre ans, empêchée de sentir les outrages, les coups et enfin la misère, car pour trop vouloir gagner mon mari fut ruiné, et il est mort le mois passé de cette ruine. Que Dieu lui pardonne comme je lui pardonne moi-même !

» Je vais mourir à mon tour, aujourd'hui, dans une heure, de mes souffrances accumulées, et je vous lègue mon fils, Benvenuto.

» Tout est pour le mieux, peut être. Qui sait si ma faiblesse de femme aurait suffi au rôle que je m'étais imposé près de vous! Lui, mon Ascanio (il me ressemble), sera un compagnon plus fort et plus résigné de votre vie; il vous aimera mieux, sinon plus. Je ne suis pas jalouse de lui.

» D'un autre côté, faites pour mon enfant ce que j'aurais fait pour vous.

» Adieu, mon ami, je vous aimais et je vous aime; je vous le répète sans honte et sans remords aux portes mêmes de l'éternité; car cet amour était saint. Adieu, soyez grand, je vais être heureuse, et levez quelquefois les yeux au ciel pour que je vous voie.

» Votre Stéphana. »

ainte nant, Colombe, Ascanio, aurez-vous confiance en moi et êtes-vous prêts à faire ce que je vais vous conseiller ?

Les deux jeunes gens répondirent par un seul cri.

CHAPITRE VII.

VISITES DOMICILIAIRES.

Le lendemain du jour où, dans les jardins du Petit-Nesle, cette histoire fut racontée à la lueur des étoiles, l'atelier de Benvenuto avait dès le matin son aspect accoutumé; le maître travaillait à la salière d'or dont il avait si vaillamment défendu la matière première contre les quatre bravi qui voulaient la lui prendre, et sa vie par-dessus.

Ascanio ciselait le lis de madame d'É-tampes; Jacques Aubry, mollement étendu sur une chaise, adressait mille questions à Cellini, qui ne lui répondait pas et qui mettait l'écolier-amateur dans la nécessité de se faire les réponses lui-même. Pagolo regardait en dessous Catherine, qui travaillait à quelque ouvrage de femme. Hermann et les autres ouvriers limaient, frappaient, soudaient, ciselaient, et la chanson de Scozzone égayait ce calme de l'activité.

Le Petit-Nesle était loin d'être aussi tranquille. Colombe avait disparu.

Tout y était donc en rumeur; on cherchait, on appelait. Dame Perrine jetait les hauts cris; et le prévôt, qu'on était allé querir à la hâte, tâchait de saisir au milieu des lamentations de la bonne dame quelque indice qui pût le mettre sur les traces de l'absente, et probablement de la fugitive.

— Voyons, dame Perrine! vous dites donc que c'est hier au soir, quelques instants après mon départ, que vous l'avez vue pour la dernière fois? demandait le prévôt.

— Hélas! oui, messire. Jésus Dieu! quelle aventure! la pauvre chère enfant paraissait un peu triste; elle est allée se débarrasser de tous ses beaux affiquets de cour; elle a mis une simple robe blanche;

saints du paradis, ayez pitié de nous ! et puis elle m'a dit : « Dame Perrine, la soirée est belle, je vais aller faire un tour dans mon allée ; il pouvait être sept heures du soir. Madame que voici, dit Perrine en montrant Pulchérie, la suivante qu'on lui avait donnée pour aide, ou plutôt pour supérieure, madame que voici, selon son habitude, était déjà rentrée dans sa chambre, sans doute pour préparer ces belles toilettes qu'elle fait si bien, et moi je m'étais mise à coudre dans la salle en bas. Je ne sais combien de temps je restai là à travailler ; il est possible qu'à la longue mes pauvres yeux fatigués se soient fermés malgré moi, et que j'aie un peu perdu connaissance.

— Selon votre habitude, interrompit aigrement Pulchérie.

— Toujours est-il, reprit dame Perrine sans daigner répondre à cette mesquine calomnie, que vers dix heures je quittai mon fauteuil et j'allai voir au jardin si Colombe ne s'y était pas oubliée. J'appelai et ne trouvai personne; je crus alors qu'elle était rentrée chez elle et s'était couchée sans me déranger, comme cela lui était arrivé mille fois, à la chère fille. Miséricorde du ciel! qui aurait pensé?... Ah! messire le prévôt, je puis bien dire qu'elle n'a pas suivi un amant, mais un ravisseur. Je l'avais élevée dans des principes...

— Et ce matin, dit impatiemment le prévôt, ce matin?

— Ce matin, quand j'ai vu qu'elle ne descendait pas, sainte Vierge, secourez-nous!

— Ah, au diable vos litanies! s'écria messire d'Estourville. Racontez donc simplement et sans toutes ces jérémiades; ce matin?...

— Ah, monsieur le prévôt! vous ne pouvez pas m'empêcher de pleurer jusqu'à ce qu'on la retrouve. Ce matin, messire, inquiète de ne pas la voir (elle était si matinale!), je suis venue frapper à sa porte pour la réveiller, et, comme elle ne répondait pas, j'ai ouvert. Personne! le lit n'était pas même défait, messire. Alors j'ai crié, j'ai appelé, j'ai perdu la tête, et vous ne voulez pas que je pleure!

— Dame Perrine, dit sévèrement le prévôt, auriez-vous introduit ici quelqu'un pendant mon absence?

— Ici, quelqu'un, par exemple! reprit avec toutes sortes de marques de stupéfaction la gouvernante qui sentait sa conscience chatouilleuse à cet endroit. Est-ce que vous ne me l'aviez pas défendu, messire! depuis quand me suis-je permis de jamais transgresser vos ordres? Quelqu'un ici! ah bien, oui!

— Ce Benvenuto, par exemple, qui osait trouver ma fille si belle, n'a pas tenté de vous gagner?

— Fi donc! il eût tenté plutôt d'escalader la lune; je l'aurais joliment reçu, je m'en vante!

— Ainsi vous n'avez jamais admis dans le Petit-Nesle un homme, un jeune homme?

— Un jeune homme! bonté du ciel; un jeune homme! Pourquoi pas le diable?

— Qu'est-ce donc alors, dit Pulchérie, que ce gentil garçon qui est venu frapper dix fois à la porte depuis que je suis ici, et à qui dix fois j'ai fermé la porte au nez?

— Un gentil garçon! vous avez la berlue, ma chère, à moins que ce ne soit le comte d'Orbec. Ah! bon Dieu! j'y suis: c'est peut-être Ascanio que vous voulez dire. Ascanio, vous savez, messire? cet enfant qui vous a sauvé la vie. Oui, en effet, je lui avais donné à raccommoder les boucles d'argent de mes souliers. Mais lui, un jeune homme, cet apprenti! mettez des lunettes, ma mie. Au surplus, que ces murs et ces pavés disent s'ils l'ont jamais vu ici.

— Il suffit, interrompit sévèrement le prévôt. Si vous avez trompé ma confiance, dame Perrine, je jure que vous me le payerez! Je vais aller chez ce Benvenuto; Dieu sait comment ce manant va me recevoir, mais il le faut.

Benvenuto, contre toute attente, accueillit le prévôt à merveille. En voyant son sang-froid, son aisance et sa bonne grâce, messire d'Estourville n'osa pas même parler de ses soupçons; mais il dit que, sa fille Colombe ayant été fort sottement effrayée la veille, dans sa terreur panique, elle s'était enfuie comme égarée; que peut-être, sans que Benvenuto le sût lui-même, elle avait cherché un refuge au

Grand-Nesle, — ou bien encore qu'en le traversant pour aller ailleurs elle avait pu s'y évanouir. Bref, il mentit le plus maladroitement du monde.

Mais Cellini accepta tous ses contes et tous ses prétextes avec politesse, enfin il eut la complaisance d'avoir l'air de ne s'apercevoir de rien ; il y eut plus : il plaignit le prévôt de toute son âme, lui affirmant qu'il serait heureux de rendre sa fille à un père qui avait toujours entouré son enfant d'une tendresse et d'une affection si touchante et si digne. La fugitive, à l'entendre, avait donc eu le plus grand tort et ne pouvait rentrer trop tôt sous une protection si rassurante et si douce. Au reste, comme preuve de la sincérité de l'intérêt qu'il portait à messire d'Estourville, il se mettait à sa disposition pour le seconder dans toutes ses recherches, non-seulement dans le Grand-Nesle, mais encore partout ailleurs.

Le prévôt, à demi-convaincu et d'autant plus touché de ces éloges qu'il sentait au fond du cœur qu'il les méritait moins, commença, suivi de Benvenuto Cellini, une investigation scrupuleuse dans son ancienne propriété du Grand-Nesle, dont il connaissait tous les coins et recoins. Aussi ne laissa-t-il pas une porte sans la pousser, une armoire sans l'entr'ouvrir, un bahut sans y jeter un coup d'œil comme par mégarde. Puis, l'hôtel visité dans tous les coins et recoins, il passa dans le jardin, parcourut l'arsenal, la fonderie, le cellier, l'écurie, examina tout rigoureusement.

Pendant cette recherche, Benvenuto, fidèle à son obligeance première, l'aidait de son mieux, lui offrant toutes les clefs au fur et à mesure, indiquant tel corridor ou tel cabinet que messire d'Estourville oubliait. Enfin, il lui donna le conseil, de peur que la fugitive ne passât furtivement d'une salle dans une autre, de laisser un de ses gens en sentinelle dans chaque endroit qu'il quittait.

Après avoir fureté partout, au bout de deux heures de perquisitions inutiles, messire d'Estourville, certain de n'avoir rien omis, et confondu de l'obligeance de son hôte, quitta le Grand-Nesle en laissant à Benvenuto mille remercîments et mille excuses.

— Quand il vous plaira de revenir, dit

l'orfévre, et si vous avez besoin de recommencer ici vos recherches, ma maison vous est ouverte à toute heure comme lorsqu'elle vous appartenait; d'ailleurs, c'est votre droit, messire : n'avons-nous pas signé un traité par lequel nous nous engageons à vivre en bons voisins!

Le prévôt remercia Benvenuto et, comme il ne savait de quelle façon lui rendre ses politesses, il loua fort, en sortant, cette gigantesque statue de Mars que l'artiste, comme nous l'avons dit, était en train d'exécuter. Benvenuto lui en fit faire le tour, et lui en fit remarquer avec complaisance les étonnantes proportions; en effet, elle avait plus de soixante pieds de haut, et à sa base près de vingt pas de circonférence.

Messire d'Estourville se retirait fort désolé : il était convaincu, dès lors qu'il n'avait point retrouvé sa fille au Grand-Nesle, qu'elle avait trouvé un asile par la ville. Mais à cette époque la ville était déjà assez grande pour embarrasser le chef même de la police. D'ailleurs, l'avait-on enlevée ou s'était-elle enfuie? Était-elle victime d'une violence étrangère, ou avait-elle cédé à son propre mouvement? C'était une incertitude sur laquelle aucune circonstance ne pouvait le fixer. Il espéra alors que dans le premier cas elle parviendrait à s'échapper, et que dans le second elle reviendrait d'elle-même. Il attendit donc avec assez de patience, interrogeant malgré cela vingt fois par jour dame Perrine, qui passait son temps à adjurer tous les saints du paradis et qui continuait à jurer ses grands dieux qu'elle n'avait reçu personne, et de fait, non plus que messire d'Estourville, elle n'avait conçu aucun soupçon sur Ascanio.

Le jour et le lendemain s'écoulèrent sans nouvelles. Le prévôt mit alors tous ses agents en campagne, ce qu'il avait négligé de faire jusqu'alors, pour ne pas ébruiter cet événement, auquel sa réputation était si fort intéressée. Il est vrai qu'il ne leur donna que le signalement, sans leur donner le nom, et que leurs perquisitions furent faites sous un tout autre prétexte que celui qui les amenait véritablement; mais, quoiqu'il ne négligeât aucune source secrète d'informations, toutes ses recherches furent sans résultat.

Certes, il n'avait jamais été pour sa fille un père affectueux et tendre; mais s'il ne se désespérait pas il se dépitait, et son orgueil souffrait à défaut de son cœur : il songeait avec indignation au beau parti que la petite sotte allait peut-être manquer, et avec rage aux quolibets et aux sarcasmes avec lesquels la cour allait accueillir sa mésaventure.

Il fallut bien enfin s'ouvrir de ce malheur au fiancé de Colombe. Le comte d'Orbec en fut affligé à la manière d'un commerçant à qui l'on annonce que ses marchandises ont subi une avarie, mais pas autrement. Il était philosophe, le cher comte, et il promit à son digne ami que, si la chose ne s'ébruitait pas trop, le mariage n'en tiendrait pas moins; puis, comme c'était un homme qui savait saisir l'occasion, il profita de la circonstance pour glisser au prévôt quelques mots des projets de madame d'Étampes sur Colombe.

Le prévôt fut ébloui de l'honneur auquel il aurait pu être appelé : son chagrin en redoubla, et il maudit l'ingrate qui se dérobait à une si noble et si belle destinée.

Nous faisons grâce à nos lecteurs de la conversation que cette confidence du comte d'Orbec amena entre les deux vieux courtisans : contentons-nous de dire que la douleur et l'espoir y prirent un caractère bizarrement touchant. Or, comme le malheur rapproche les hommes, le beau-père et le gendre se séparèrent plus unis que jamais, et sans pouvoir se décider encore à renoncer au brillant avenir qu'ils avaient entrevu.

On était convenu de se taire de cet événement vis-à-vis de tout le monde ; mais la duchesse d'Étampes était une amie trop intime et une complice trop intéressée pour qu'on ne la mît pas dans le secret.

Ce fut bien vu; car elle prit la chose beaucoup plus à cœur que le père et le mari ne l'avaient fait, et, comme on le sait, elle était plus à même que tout autre de renseigner le prévôt et de diriger ses perquisitions.

Elle savait en effet l'amour d'Ascanio pour Colombe, elle l'avait fait elle-même pour ainsi dire assister à toute sa conspiration : le jeune homme, voyant l'honneur de celle qu'il aimait menacé, s'était décidé peut-être à un acte de désespoir; mais, Ascanio le lui avait dit lui-même, Colombe ne l'aimait point et, ne l'aimant point, n'avait pas dû se prêter à de pareils projets. Or, la duchesse d'Étampes connaissait assez celui qu'elle avait soupçonné d'abord pour savoir qu'il n'aurait jamais la hardiesse de braver les mépris et la résistance de sa maîtresse; et cependant, malgré tous ces raisonnements, quoique à ses yeux toutes les probabilités fussent qu'Ascanio n'était pas coupable, son instinct de femme jalouse lui disait que c'était à l'hôtel de Nesle qu'il fallait chercher Colombe, et qu'on devait avant tout s'assurer d'Ascanio.

Mais madame d'Étampes, de son côté, ne pouvait dire à ses amis d'où lui venait cette conviction, car il fallait alors qu'elle leur avouât qu'elle aimait Ascanio et que, dans l'imprudence de sa passion, elle avait confié à ce jeune homme tous ses desseins sur Colombe. Elle leur assura seulement qu'elle serait bien trompée si Benvenuto n'était pas le coupable, Ascanio le complice et le Grand-Nesle l'asile. Le prévôt eut beau se débattre, jurer qu'il avait tout vu, tout visité, tout parcouru, elle n'en démordit pas, elle avait pour cela ses raisons, et elle s'obstina tellement dans son opinion qu'elle finit par jeter des doutes dans l'esprit de messire d'Estourville, qui était cependant certain d'avoir bien cherché.

— D'ailleurs, ajouta la duchesse, j'appellerai moi-même Ascanio; je le verrai, je l'interrogerai, soyez tranquille.

—Oh, madame! vous êtes trop bonne, dit le prévôt.

— Et vous trop niais, murmura la duchesse entre ses dents.

Elle les congédia.

Elle se mit alors à rêver aux moyens de faire venir le jeune homme ; mais comme elle ne s'était encore arrêtée à aucun, on annonça Ascanio, il allait donc au-devant des désirs de madame d'Étampes, il était froid et calme.

Madame d'Étampes l'enveloppa d'un regard si perçant qu'on eût dit qu'elle voulait lire jusqu'au fond de son cœur ; mais Ascanio ne parut pas même s'en apercevoir.

— Madame, dit-il en s'inclinant, je viens vous montrer votre lis à peu près terminé, il n'y manque plus guère que la goutte de rosée de deux cent mille écus que vous avez promis de me fournir.

— Eh bien, et ta Colombe? dit madame d'Étampes pour toute réponse.

— Si c'est de mademoiselle d'Estourville que vous voulez parler, madame, reprit gravement Ascanio, je vous supplierai à deux genoux de ne plus prononcer son nom devant moi. Oui, madame, je vous en conjure humblement et instamment, que ce sujet ne revienne jamais entre nous, de grâce.

— Ah! ah! du dépit! fit la duchesse, dont le regard profond n'avait pas un instant quitté Ascanio.

Quel que soit le sentiment qui m'anime et dussé-je encourir votre disgrâce, madame, j'oserai vous refuser dorénavant de continuer avec vous tout entretien sur ce sujet. Je me suis juré à moi-même que tout ce qui aurait trait à ce souvenir resterait maintenant mort et enseveli dans mon cœur.

— Me suis-je donc trompée? pensa la duchesse, et Ascanio n'est-il pour rien dans l'événement? Cette petite fille aurait-elle suivi de gré ou de force quelque autre ravisseur, et, perdue pour les projets de mon ambition, servirait-elle par sa fuite les intérêts de mon amour?

Puis, après ces réflexions faites à voix basse, elle reprit à voix haute :

— Ascanio, vous me priez de ne plus vous parler d'elle, me laisserez-vous au moins vous parler de moi? Vous voyez que, sur votre prière, je n'insiste pas, mais qui sait si ce second sujet de conversation ne vous sera pas plus désagréable encore que le premier? qui sait...

— Pardon si je vous interromps, madame, dit le jeune homme ; mais la bonté avec laquelle vous voulez bien m'accorder cette grâce que je vous demande, m'enhardit à en implorer une autre. Quoique de famille noble, je ne suis qu'un pauvre enfant obscur, élevé dans l'ombre d'un atelier d'orfèvre, et de ce cloître artistique je me suis vu tout à coup transporté dans une sphère brillante, mêlé au destin des empires; ayant, faible, de puissants seigneurs pour ennemis inconnus, un roi pour rival : et quel roi, madame! François Ier, c'est-à-dire, un des plus puissants princes de la chrétienté. Tout à coup j'ai coudoyé les noms les plus éclatants et les plus illustres destinées; j'ai aimé sans espoir et l'on m'a aimé sans retour! Et qui m'aimait, grand Dieu! Vous, une des plus belles, une des plus nobles dames de la terre! Tout cela a mis le trouble en moi et hors de moi; tout cela m'a étourdi, écrasé, anéanti, madame. Je suis effrayé comme un nain qui se réveillerait parmi des géants; je n'ai plus une idée en place, plus un sentiment dont je me rende compte; je me trouve comme perdu dans toutes ces haines terribles, dans tous ces amours implacables, dans toutes ces ambitions glorieuses. Madame, laissez-moi respirer, je vous en conjure; permettez au naufragé de revenir à lui, au convalescent de reprendre ses forces : le temps, je l'espère, remettra tout en ordre dans mon âme et dans ma vie. Du temps, madame, donnez-moi du temps, et par pitié ne voyez aujourd'hui en moi que l'artiste qui vient vous demander si son lis est de votre goût.

La duchesse fixa sur Ascanio un regard plein de doute et d'étonnement; elle n'avait pas supposé que ce jeune homme, que cet enfant pût parler de ce ton à la fois poétique, grave et sévère : aussi se sentit-elle moralement contrainte de lui obéir et, ne parlant plus que de son lis, donna-t-elle à Ascanio des éloges et des conseils, lui promettant qu'elle ferait tout son possible pour lui envoyer avant peu le gros diamant qui compléterait son œuvre. Ascanio la remercia, et prit congé d'elle avec toutes sortes de témoignages de reconnaissance et de respect.

— Est-ce bien là Ascanio? se dit madame d'Étampes lorsqu'il fut parti : il me semble vieilli de dix ans. Qui lui donne cette gravité presque imposante? Est-ce la souffrance? Est-ce le bonheur? Est-il sincère, enfin, ou conseillé par ce damné Benvenuto? Joue-t-il en artiste consommé un rôle supérieur, ou se laisse-t-il aller à sa propre nature?

Anne n'y tint pas. Le singulier vertige qui gagnait peu à peu ceux qui luttaient avec Benvenuto Cellini commençait à s'emparer d'elle malgré la vigueur de son esprit. Elle aposta des gens qui épièrent Ascanio et qui le suivirent à chacune de ses rares sorties ; mais cela n'amena aucune découverte. Enfin madame d'Étampes fit venir le prévôt et d'Orbec et leur conseilla, comme une autre eût ordonné, de tenter à l'improviste une autre perquisition dans l'hôtel de Nesle.

Ils obéirent ; mais, quoique surpris au milieu de son travail, Benvenuto les reçut mieux encore cette fois tous deux que la première il n'avait reçu le prévôt seul. On eût dit, à le voir si libre et si poli, que leur présence n'avait absolument rien d'injurieux pour lui. Il raconta amicalement au comte d'Orbec le guet-apens qu'on lui avait dressé au moment où, quelques jours auparavant, il sortait de chez lui chargé d'or ; le jour même, fit-il observer, où mademoiselle d'Estourville avait disparu. Cette fois comme l'autre il s'offrit pour accompagner les visiteurs dans son château et pour aider le prévôt à rentrer dans ses droits de père, dont il comprenait si bien les devoirs sacrés. Il était heureux de s'être encore trouvé chez lui pour faire honneur à ses hôtes, car le jour même, dans deux heures, il allait partir pour Romorantin, désigné par la bienveillance de François Ier pour faire partie des artistes qui devaient aller au-devant de l'empereur.

En effet, les événements politiques avaient marché aussi vite que ceux de notre humble histoire. Charles-Quint, encouragé par la promesse publique de son rival et par l'engagement secret de madame d'Étampes, n'était plus qu'à quelques journées de Paris. Une députation avait été nommée pour aller le recevoir, et d'Orbec et le prévôt avaient effectivement trouvé Cellini en habit de voyage.

— S'il quitte Paris avec toute l'escorte, dit à voix basse d'Orbec au prévôt, ce n'est, selon toute probabilité, pas lui qui a enlevé Colombe, et nous n'avons plus rien à faire ici.

— Je vous l'avais dit avant d'y venir, répondit le prévôt.

Pourtant ils voulurent aller jusqu'au bout et commencèrent leur enquête avec un soin minutieux. Benvenuto les suivit et les dirigea d'abord ; mais, comme il vit que leur visite domiciliaire devenait aussi par trop détaillée, il leur demanda la permission de les laisser continuer seuls, et, devant partir dans une demi-heure, d'aller donner quelques ordres à ses ouvriers, attendu qu'il voulait à son retour trouver tous les préparatifs de la fonte de son Jupiter achevés.

Benvenuto revint effectivement à l'atelier, distribua l'ouvrage aux compagnons, les pria d'obéir à Ascanio comme à lui-même, dit en italien quelques mots à voix basse à l'oreille de celui-ci, fit à tous ses adieux et se disposa à quitter l'hôtel. Un cheval tout sellé, que tenait le petit Jehan, l'attendait dans la première cour.

En ce moment Scozzone vint à Benvenuto et le prit à part.

— Savez-vous, maître, lui dit-elle gravement, que votre départ me laisse dans une position bien difficile!

— Comment cela, mon enfant?

— Pagolo m'aime de plus en plus.

— Ah! vraiment?

— Et il ne cesse de me parler de son amour.

— Et toi, que réponds-tu?

— Dame! selon vos ordres, maître, je lui réponds qu'il faudra voir, et que la chose peut s'arranger.

— Très-bien!

— Comment, très-bien! Mais vous ne savez donc pas, Benvenuto, qu'il prend au sérieux tout ce que je lui dis, et que ce sont de véritables engagements que je contracte envers ce jeune homme! Il y a quinze jours que vous m'avez prescrit la règle de conduite que j'avais à tenir, n'est-ce pas?

— Oui, je crois; je ne me rappelle plus bien.

— Mais moi, j'ai meilleure mémoire. Or, pendant les cinq premiers jours, je lui ai répondu par des représentations douces; il devait tâcher de se vaincre et de ne plus m'aimer. Les cinq jours suivants, je l'ai écouté en silence, et c'était une réponse bien compromettante que celle-là; mais c'était votre ordre, et je l'ai suivi; enfin, les cinq derniers jours, j'en ai été réduite à lui parler de mes devoirs envers vous, et hier, maître, j'en étais à le prier d'être généreux, et il en était, lui, à me demander un aveu.

— Alors, s'il en est ainsi, c'est différent, dit Benvenuto.

— Ah, enfin! dit Scozzone.

— Oui; maintenant écoute, chère petite. Pendant les trois premiers jours de mon absence, tu lui laisseras croire que tu l'aimes; puis pendant les trois jours qui suivront, tu lui feras l'aveu de cet amour.

— Quoi! c'est bien vous qui me dites cela, Benvenuto! s'écria Scozzone toute blessée de la trop grande confiance que le maître montrait en elle.

— Sois donc tranquille. Qu'as-tu à te reprocher, puisque c'est moi qui t'y autorise?

— Mon Dieu, dit Scozzone, rien, je le sais : mais, cependant, toujours placée ainsi, entre votre indifférence à vous et son amour à lui, Dieu sait que je puis finir par l'aimer véritablement.

— Bah ! en six jours ! Tu ne te sens pas de force à rester indifférente six jours ?

— Si fait ! je vous les accorde ; mais n'allez pas en rester sept, au moins.

— N'aie pas peur, mon enfant, je reviendrai à temps. Adieu, Scozzone.

— Adieu, maître, fit Catherine boudant, souriant et pleurant tout à la fois.

Pendant que Benvenuto Cellini adressait à Catherine ces dernières instructions, le prévôt et d'Orbec rentrèrent.

Restés seuls et libres de leurs mouvements, ils s'étaient livrés à leurs recherches avec une espèce de frénésie; ils avaient exploré les greniers, fouillé les caves, sondé tous les murs, remué tous les meubles; ils avaient échelonné les domestiques sur leur passage, ardents comme des créanciers, patients comme des chasseurs; ils étaient revenus cent fois sur leurs pas, avaient examiné vingt fois la même chose avec une rage d'huissier qui a une prise de corps à exercer, et, leur expédition achevée, ils rentraient rouges et animés sans avoir rien découvert.

— Eh bien, messieurs, leur dit Benvenuto, qui montait à cheval, vous n'avez rien trouvé, n'est-ce pas? Tant pis! tant pis! Je comprends combien la chose est douloureuse pour deux cœurs aussi sensibles que les vôtres ; mais malgré tout l'intérêt que je prends à vos douleurs et tout le désir que j'aurais à vous aider dans vos recherches, il faut que je parte. Recevez donc mes adieux. Si vous avez besoin d'entrer au Grand-Nesle en mon absence, ne vous gênez pas, faites comme chez vous. J'ai donné des ordres pour que la maison soit la vôtre. La seule chose qui me console de vous laisser dans cette inquiétude, c'est que j'espère apprendre à mon retour que vous avez, vous, monsieur le prévôt, retrouvé votre chère enfant, et vous, monsieur d'Orbec, votre belle fiancée. Adieu, messieurs. Puis se retournant vers ses compagnons qui étaient groupés sur le perron, moins Ascanio, qui sans doute ne se souciait pas de se trouver face à face avec son rival :

—Adieu, mes enfants, dit-il. Si en

mon absence M. le prévôt a le désir de visiter une troisième fois l'hôtel, n'oubliez pas de le recevoir comme l'ancien maître de céans.

Sur ces mots le petit Jehan ouvrit la porte, et Benvenuto piquant des deux partit au galop.

— Vous voyez bien que nous sommes des niais, mon cher, dit le comte d'Orbec au prévôt : quand on a enlevé une fille, on ne part pas pour Romorantin avec la cour.

CHAPITRE VIII.

CHARLES-QUINT A FONTAINEBLEAU.

Ce n'était pas sans de graves hésitations et d'affreuses angoisses que Charles-Quint avait mis le pied sur cette terre de France où l'air et le sol lui étaient pour ainsi dire ennemis, dont il avait indignement maltraité le roi prisonnier, et dont il avait peut-être, on l'en accusait du moins, empoisonné le dauphin. L'Europe s'attendait de la part de François Ier à de terribles représailles, du moment où son rival venait de lui-même se mettre entre ses mains. Mais l'audace de Charles, ce grand joueur d'empires, ne lui avait pas permis de reculer et, une fois son terrain habilement sondé et préparé, il avait bravement franchi les Pyrénées.

Il comptait en effet à la cour de France des amis dévoués et croyait pouvoir se fier à trois garanties, l'ambition de madame d'Étampes, l'outrecuidance du connétable Anne de Montmorency, et la chevalerie du roi.

Nous avons vu comment et pour quel motif la duchesse voulait le servir. Quant au connétable, c'était autre chose. L'écueil des hommes d'État de tous les pays et de tous les temps, c'est la question des alliances. La politique, réduite sur ce point et sur beaucoup d'autres, du reste, à n'être que conjecturale, comme la médecine, se trompe fort souvent, hélas! en étudiant les symptômes des affinités entre les peuples et en risquant des remèdes aux haines des nations. Or, pour le connétable, l'alliance espagnole était devenue une monomanie. Il s'était mis dans la tête que là était le salut de la France, et pourvu qu'il satisfît Charles-Quint, qui en vingt-cinq ans avait fait vingt ans la guerre à son maître, le connétable de Montmorency se souciait fort peu de mécontenter ses autres alliés, les Turcs et les protestants, et de manquer les plus magnifiques occasions, comme celle qui donnait la Flandre à François Ier..

Nous voyons quelque chose de pareil aujourd'hui, et nous pourrions citer tel ministre aussi entêté de l'alliance anglaise en l'an 1843, qu'en l'an 1539 l'était le connétable de l'alliance espagnole.

Le roi avait dans Montmorency une confiance aveugle. Le connétable avait de fait, dans les dernières hostilités contre l'empereur, montré une résolution inouïe et arrêté l'ennemi; il est vrai que c'était au prix de la ruine d'une province; il est vrai que c'était en lui opposant un désert; il est vrai que c'était en dévastant un dixième de la France. Mais ce qui surtout imposait au roi c'était l'orgueilleuse rudesse de son ministre et son inflexible obstination, qui pouvait paraître habile et intègre fermeté à un esprit superficiel. Il en résulte donc que François Ier écoutait le grand suborneur de personnes, comme l'appelle Brantôme, avec une déférence égale à la crainte qu'inspirait aux inférieurs le terrible diseur de patenôtres qui entremêlait ses oremus de pendaisons.

Charles-Quint pouvait donc en toute sûreté compter sur la systématique amitié du connétable.

Il faisait encore plus de fond sur la générosité de son rival. François Ier, en effet, poussait la grandeur jusqu'à la duperie. « Mon royaume, avait-il dit, n'a pas de péage comme un pont, et je ne vends pas mon hospitalité. » Et l'astucieux Charles-Quint savait qu'il pouvait s'abandonner à la parole du roi-gentilhomme.

Néanmoins, quand l'empereur fut entré

sur le territoire français, il ne put se rendre maître de ses appréhensions et de ses doutes; il trouva à la frontière les deux fils du roi, qui étaient venus à sa rencontre, et par tout son passage on l'accablait de prévenances et d'honneurs. Mais le cauteleux monarque frémissait en pensant que toutes ces belles apparences de cordialité cachaient peut-être un piége. « On dort mal décidément, disait-il, en pays étranger. » Il n'apportait aux fêtes qu'on lui donnait qu'un visage inquiet et préoccupé, et à mesure qu'il pénétrait au cœur du pays il devenait plus triste et plus sombre.

Chaque fois qu'il faisait son entrée dans une ville il se demandait, au milieu des harangues et sous les arcs de triomphe, si c'était cette ville qui allait lui servir de prison ; puis il murmurait au fond de sa peusée : Ce n'est ni celle-là ni une autre, c'est la France tout entière qui est mon cachot; ce sont tous ces courtisans empressés qui sont mes geôliers. Et d'heure en heure croissait l'anxiété farouche de ce tigre qui se croyait en cage et qui partout voyait des barreaux.

Un jour, dans une promenade à cheval, Charles d'Orléans, espiègle charmant qui se hâtait d'être aimable et brave comme un fils de France avant de mourir de la peste comme un manant, sauta lestement en croupe derrière l'empereur en le prenant à bras-le-corps : « A ce coup, s'écria-t-il avec un joyeux enfantillage, vous êtes mon prisonnier. » Charles-Quint devint pâle comme la mort et faillit se trouver mal.

A Châtellerault le pauvre captif imaginaire rencontra François Ier, qui lui fit un accueil fraternel et qui le lendemain, à Romorantin, lui présenta toute sa cour, la valeureuse et galante noblesse, gloire du pays; les artistes et les lettrés, gloire du roi. Les fêtes et les surprises recommencèrent de plus belle. L'empereur faisait à tous bon visage, mais dans son cœur il tremblait et se reprochait toujours une imprudence.

De temps en temps, comme pour faire l'essai de sa liberté, il sortait au point du jour du château où l'on avait couché, et il voyait avec plaisir qu'outre les honneurs qu'on lui rendait on ne gênait pas ses mouvements, mais savait-il s'il n'était pas surveillé de loin? Parfois, comme par caprice, il dérangeait l'ordre établi pour sa route et changeait l'itinéraire prescrit, au grand désespoir de François Ier, dont ces boutades faisaient manquer les cérémonieux apprêts.

Quand il fut à deux journées de Paris, il se rappela avec terreur ce que Madrid avait été pour le roi de France. Pour un empereur, la capitale devait avoir paru la prison la plus honorable et en même temps la plus sûre. Il s'arrêta donc et pria le roi de le conduire sur-le-champ à ce Fontainebleau dont il avait tant entendu parler. Cela bouleversait tous les plans de François Ier; mais il était trop hospitalier pour laisser paraître son désappointement, et il se hâta de mander à Fontainebleau la reine et toutes les dames.

La présence de sa sœur Éléonore et la

confiance qu'elle avait dans la loyauté de son époux calmèrent quelque peu les inquiétudes de l'empereur. Néanmoins Charles-Quint, tout rassuré qu'il était momentanément, ne devait jamais se trouver à l'aise chez François Ier : François Ier était le miroir du passé, Charles-Quint était le type de l'avenir. Le souverain des temps modernes ne comprenait pas assez le héros du moyen âge; il était impossible que la sympathie s'établît entre le dernier des chevaliers et le premier des diplomates.

Il est vrai qu'à la rigueur Louis XI pourrait revendiquer ce titre ; mais, à notre avis, Lous XI fut moins le diplomate qui ruse, que l'avare qui amasse.

Le jour de l'arrivée de l'empereur, il y

eut une chasse dans la forêt de Fontainebleau. La chasse était un des grands plaisirs de François Ier ; ce n'était guère qu'une fatigue pour Charles-Quint. Néanmoins, Charles-Quint saisit avec empressement cette nouvelle occasion de voir s'il n'était pas prisonnier : il laissa passer la chasse, se jeta de côté et alla jusqu'à s'égarer; mais en se voyant seul au milieu de cette forêt, libre comme l'air qui passait dans les branches, libre comme les oiseaux qui passaient dans l'air, il se rassura presque entièrement et commença de reprendre un peu de bonne humeur. Cependant un reste d'inquiétude lui monta encore au visage lorsqu'en se retrouvant au rendez-vous il vit François Ier venir à lui, tout animé par l'ardeur de la chasse et tenant encore à la main l'épieu sanglant avec lequel il venait de frapper le sanglier. Le guerrier de Marignan et de Pavie perçait jusque dans les plaisirs du roi.

— Allons donc, mon bon frère, de la gaieté! dit François Ier à Charles-Quint en le prenant amicalement sous le bras, lorsque les deux souverains mirent pied à terre à la porte du palais et en l'entraînant dans la galerie de Diane toute resplendissante des peintures du Rosso et du Primatice. Vrai Dieu! vous êtes soucieux comme je l'étais à Madrid. Mais moi, convenez-en, mon cher frère, j'avais bien quelque raison de l'être, car j'étais votre prisonnier, tandis que vous, vous êtes mon hôte, vous êtes libre, vous êtes à la veille d'un triomphe. Réjouissez-vous donc avec nous, si ce n'est de fêtes, trop futiles sans doute pour un grand politique comme vous, du moins en songeant que vous allez mater tous ces gros buveurs de bière flamands qui se mêlent de vouloir renouveler les communes... Ou plutôt, oubliez les rebelles et ne songez qu'à vous divertir avec des amis. — Est-ce que ma cour ne vous plaît pas?

— Elle est admirable, mon frère, dit Charles-Quint, et je vous l'envie. Moi aussi j'ai une cour, vous l'avez vue, mais une cour grave et sévère, une morne assemblée d'hommes d'État et de généraux, comme Lannoy, Pescaire, Antonio de Leyra. Mais vous, vous avez, **outre** vos guerriers et vos négociateurs, outre vos Montmoreney et vos Dubellay, outre vos savants, outre Budé, Cholin, Duchâtel, Lascaris, vous avez vos poètes et vos artistes : Marot, Jean Goujon, Primatice, Benvenuto, et surtout des femmes adorables : Marguerite de Navarre, Diane de Poitiers, Catherine de Médicis et tant d'autres, et je commence vraiment à croire, mon cher frère, que je troquerais volontiers mes mines d'or pour vos champs de fleurs.

— Oh! parmi toutes ces fleurs, vous n'avez pas encore vu la plus belle, dit naïvement François Ier au frère d'Éléonore.

— Non, et je meurs d'envie d'admirer cette merveille, dit l'empereur, qui dans l'allusion du roi avait reconnu madame d'Étampes ; mais dès à présent je crois qu'on a bien raison de dire que le plus beau royaume du monde est à vous, mon frère.

— Mais à vous aussi la plus belle comté, la Flandre; le plus beau duché, Milan.

— Vous avez refusé l'une le mois passé, dit l'empereur en souriant, et je vous en remercie; mais vous convoitez l'autre, n'est-ce pas? ajouta l'empereur en soupirant.

— Ah! mon cousin, de grâce, dit François Ier, ne parlons pas aujourd'hui de choses sérieuses · après les plaisirs de la guerre il n'y a rien, je l'avoue, que j'aime moins à troubler que les plaisirs d'une fête.

— La vérité est, reprit Charles-Quint avec la grimace d'un avare qui comprend la nécessité où il est de payer une dette, la vérité est que le Milanais me tient au cœur, et que cela m'arrachera l'âme de vous le donner.

— Dites de me le rendre, mon frère, le

mot sera plus juste et adoucira peut-être votre chagrin. Mais ce n'est point de cela qu'il s'agit à cette heure, mais de nous amuser; nous parlerons du Milanais plus tard.

— Présent ou restitution, donné ou rendu, dit l'empereur, vous n'en aurez pas moins là une des plus belles seigneuries du monde, car vous l'aurez, mon frère, c'est chose décidée, et je tiendrai mes engagements envers vous avec la même fidélité que vous tenez les vôtres envers moi.

— Eh! mon Dieu! s'écria François Ier commençant à s'impatienter de cet éternel retour aux choses sérieuses, que regrettez-vous donc, mon frère? n'êtes-vous pas roi des Espagnes, empereur d'Allemagne, comte de Flandres, et seigneur, par l'influence ou par l'épée, de toute l'Italie, depuis le pied des Alpes jusqu'à l'extrémité des Calabres ?

— Mais vous avez la France, dit Charles-Quint en soupirant.

— Vous avez les Indes et leurs trésors, vous avez le Pérou et ses mines.

— Mais vous avez la France, vous !

— Vous avez un empire si vaste que le soleil ne s'y couche jamais.

— Mais vous avez la France !.. Que dirait Votre Majesté si je guignais ce diamant des royaumes aussi amoureusement qu'elle convoite Milan, la perle des duchés ?

— Tenez, mon frère, dit gravement François Ier, j'ai plutôt sur ces questions capitales des instincts que des idées; mais de même qu'on dit dans votre pays : « Ne touchez pas à la reine; » je vous dis, moi : « Ne touchez pas à la France. »

— Eh mon Dieu! dit Charles-Quint, ne sommes nous pas cousins et alliés?

— Sans doute, répondit François Ier, et j'espère que rien ne troublera désormais cette parenté et cette alliance.

— Je l'espère aussi, dit l'empereur; Mais, continua-t-il avec son sourire ambitieux et son regard hypocrite, puis-je répondre de l'avenir et empêcher par exemple mon fils Philippe de se brouiller avec votre fils Henri?

— La querelle ne sera pas dangereuse pour nous, reprit François Ier, si c'est Tibère qui succède à Auguste.

— Qu'importe le maître! dit Charles-Quint s'échauffant. L'empire sera toujours l'empire; et la Rome des Césars était toujours Rome, même quand les Césars n'étaient plus Césars que de nom.

— Oui, mais l'empire de Charles-Quint n'est pas l'empire d'Octave, mon frère, dit François Ier commençant à se piquer. Pavie est une belle bataille, mais ce n'est pas une Actium; puis Octave était riche et, malgré vos trésors de l'Inde et vos mines du Pérou, vous êtes fort épuisé de finances, on le sait. On ne veut plus vous prêter dans aucune banque, ni à treize, ni à quatorze; vos troupes sans solde ont été obligées de piller Rome pour vivre, et, maintenant que Rome est pillée, elles se révoltent.

— Et vous donc, mon frère, dit Charles-Quint, vous avez aliéné les domaines royaux, que je crois, et vous êtes forcé de ménager Luther pour que les princes d'Allemagne vous prêtent de l'argent.

— Sans compter, reprit François Ier, que vos cortès sont loin d'être aussi commodes que le sénat, tandis que moi je puis me vanter d'avoir mis pour toujours les rois hors de page.

— Prenez garde que vos parlements ne vous renvoient quelque beau jour en tutelle.

La discussion s'animait, les deux souverains s'échauffaient de plus en plus, la vieille haine qui les avait si long-temps séparés commençait à s'aigrir de nouveau; François Ier allait oublier l'hospitalité et Charles-Quint la prudence, lorsque le roi de France se souvint le premier qu'il était chez lui.

— Ah çà, foi de gentilhomme, mon bon frère, reprit-il tout à coup en riant, je crois, ventre-Mahom, que nous allons nous fâcher. Je vous disais bien qu'il ne fallait pas parler entre nous de choses sérieuses, et qu'il fallait laisser la discussion à nos ministres et ne garder pour nous que la bonne amitié. Allons, allons, convenons une fois pour toutes que vous aurez le monde moins la France, et ne revenons point là-dessus.

— Et moins le Milanais, mon frère,

reprit Charles en s'apercevant de l'imprudence qu'il avait commise et en se remettant aussitôt, car le Milanais est à vous. Je vous l'ai promis, et je vous renouvelle ma promesse.

Sur ces assurances réciproques d'amitié, la porte de la galerie s'ouvrit et madame d'Étampes parut. Le roi alla au-devant d'elle, et la ramenant par la main en face de l'empereur, qui, la voyant pour la première fois et sachant ce qui s'était passé entre elle et M. de Médina, la regardait venir à lui de son regard le plus perçant :

— Mon frère, dit-il en souriant, voyez-vous cette belle dame?

—Non-seulement je la vois, dit Charles-Quint, mais encore je l'admire!

— Eh bien ! vous ne savez pas ce qu'elle veut ?

— Est-ce une de mes Espagnes ? je la lui donnerai.

— Non, non, mon frère, ce n'est point cela.

— Qu'est-ce donc ?

— Elle veut que je vous retienne à Paris jusqu'à ce que vous ayez déchiré le traité de Madrid et ratifié par des faits la parole que vous venez de me donner.

— Si l'avis est bon, il faut le suivre, répondit l'empereur tout en s'inclinant devant la duchesse autant pour cacher la pâleur soudaine que ces paroles avaient fait naître sur son visage que pour accomplir un acte de courtoisie.

Il n'eut pas le temps d'en dire davantage, et François Ier ne put voir l'effet produit par les paroles qu'il avait laissées tomber en riant et que Charles-Quint était toujours prêt à prendre au sérieux, car la porte s'ouvrit de nouveau et toute la cour se répandit dans la galerie.

Pendant la demi-heure qui précéda le dîner, et pendant laquelle tout ce monde élégant, spirituel et corrompu se mêla, la scène que nous avons déjà rapportée à propos de la réception du Louvre se répéta à peu de chose près. C'étaient les mêmes hommes et les mêmes femmes, les mêmes courtisans et les mêmes valets. Les regards d'amour et les coups d'œil de haine s'échangèrent donc comme d'habitude, et les sarcasmes et les galanteries allèrent leur train selon la coutume.

Charles-Quint, en voyant entrer Anne de Montmorency, qu'il regardait à juste titre comme son allié le plus sûr, était allé à sa rencontre et s'entretenait dans un coin avec lui et le duc de Médina son ambassadeur.

— Je signerai tout ce que vous voudrez, connétable, disait l'empereur, qui connaissait la loyauté du vieux soldat : préparez-moi un acte de cession du duché de Milan et, de par saint Jacques, quoique ce soit un des plus beaux fleurons de ma couronne, je vous en signerai l'abandon plein et entier.

— Un écrit ! s'écriait le connétable en repoussant chaleureusement une précaution qui sentait la défiance ; un écrit, sire ! que dit donc là Votre Majesté ? Pas d'écrit, sire, pas d'écrit : votre parole, voilà tout. Votre Majesté est-elle donc venue en France sur un écrit, et croit-elle que nous aurons moins de confiance en elle qu'elle n'en a eu en nous?

— Et vous aurez raison, monsieur de Montmorency, répondit l'empereur en lui tendant la main, et vous aurez raison.

Le connétable s'éloigna.

— Pauvre dupe! reprit l'empereur; il fait de la politique, Médina, comme les taupes font des trous, en aveugle.

— Mais le roi, sire? demanda Médina.

— Le roi est trop fier de sa grandeur pour n'être pas sûr de la nôtre. Il nous laissera follement partir, Médina, et nous le ferons prudemment attendre. Faire attendre, monsieur, continua Charles-Quint, ce n'est pas manquer à sa promesse, c'est l'ajourner, voilà tout.

— Mais madame d'Étampes? reprit Médina.

— Pour celle-là nous verrons, dit l'empereur en poussant et en repoussant une bague magnifique qu'il portait au pouce de la main gauche, et qui était ornée d'un superbe diamant. Ah! il me faudrait une bonne entrevue avec elle.

Pendant ces rapides paroles échangées à voix basse entre l'empereur et son ministre, la duchesse raillait impitoyablement le grand Marmagne, en présence de messire d'Estourville, et cela à propos de ses exploits nocturnes.

— Serait-ce donc de vos gens, monsieur de Marmagne, disait-elle, que le Benvenuto rapporte à tout venant cette prodigieuse histoire : Attaqué par quatre bandits et n'ayant qu'un bras pour se défendre, il s'est fait tout simplement escorter jusque chez lui par ces messieurs ! Étiez-vous de ces braves si polis, vicomte ?

— Madame, répondit le pauvre Marmagne tout confus, cela ne s'est pas précisément passé ainsi, et le Benvenuto raconta la chose trop à son avantage.

— Oui, oui, je ne doute pas qu'il ne brode et qu'il n'ornemente quelque peu dans les détails; mais le fond est vrai, vicomte, le fond est vrai, et en pareille matière le fond est tout.

— Madame, répondit Marmagne, je

promets que je prendrai ma revanche, et que cette fois je serai plus heureux.

— Pardon, vicomte, pardon, ce n'est pas une revanche à prendre, c'est une autre partie à recommencer. Cellini, ce me semble, a gagné les deux premières manches.

— Oui, grâce à mon absence, murmura Marmagne de plus en plus embarrassé, parce que mes hommes ont profité, pour fuir, de ce que je n'étais pas là, les misérables !

— Oh ! dit le prévôt, je vous conseille, Marmagne, de vous tenir pour battu sur ce point-là : vous n'avez pas de bonheur avec Cellini.

— Il me semble, en ce cas, que nous

pouvons nous consoler ensemble, mon cher prévôt, lui répondit Marmagne ; car si l'on ajoute les faits avérés aux bruits mystérieux qui courent, la prise du Grand-Nesle à la disparition d'une de ses habitantes, le Cellini, messire d'Estourville, ne vous aurait pas non plus porté bonheur. Il est vrai qu'à défaut du vôtre, mon cher prévôt, il s'occupe activement, dit-on, de celui de votre famille.

— Monsieur de Marmagne, s'écria avec violence le prévôt furieux de voir que sa mésaventure paternelle commençait à s'ébruiter ; monsieur de Marmagne, vous m'expliquerez plus tard ce que vous entendez par ces paroles.

— Ah! messieurs, messieurs, s'écria la duchesse, n'oubliez point, je vous prie,

que je suis là. Vous avez tort tous deux.
Monsieur le prévôt, ce n'est pas à ceux
qui savent chercher si mal à faire des reproches à ceux qui savent si mal trouver.
Monsieur de Marmagne, il faut dans les
défaites se réunir contre l'ennemi commun et non lui donner la joie de voir
encore les vaincus s'entr'égorger entre
eux. On passe dans la salle à manger.
Votre main, monsieur de Marmagne. Eh
bien, puisque les hommes et leur force
échouent devant Cellini, nous verrons si
les ruses d'une femme le trouveront aussi
invincible. J'ai toujours pensé que les
alliés n'étaient qu'un embarras et j'ai toujours aimé à faire la guerre seule. Les
périls sont plus grands, je le sais, mais
du moins on ne partage les honneurs de
la victoire avec personne.

— L'impertinent! dit Marmagne, voyez avec quelle familiarité il parle à notre grand roi! Ne dirait-on pas un homme de noblesse, tandis que ce n'est qu'un misérable ciseleur!

— Que dites-vous là, vicomte! mais c'est un gentilhomme, tout ce qu'il y a de plus gentilhomme! dit la duchesse en riant. En connaissez-vous beaucoup parmi nos plus vieilles familles qui descendent d'un lieutenant de Jules-César et qui aient les trois fleurs de lis et le lambel de la maison d'Anjou dans leurs armes? Ce n'est pas le roi qui grandit le ciseleur en lui parlant, messieurs, vous le voyez bien : c'est le ciseleur au contraire qui fait honneur au roi en lui adressant la parole.

En effet, François Ier et Cellini causaient en ce moment avec cette familiarité à laquelle les grands de la terre avaient habitué l'artiste élu du ciel.

— Hé bien, Benvenuto, disait le roi, où en sommes-nous de notre Jupiter?

— Je prépare sa fonte, sire, répondit Benvenuto.

— Et quand cette grande œuvre s'exécutera-t-elle?

— Aussitôt mon retour à Paris, sire.

— Prenez nos meilleurs fondeurs, Cellini, ne négligez rien pour que l'opération réussisse. Si vous avez besoin d'argent, vous savez que je suis là.

— Je sais que vous êtes le plus grand, le plus noble et le plus généreux roi de la terre, répondit Benvenuto ; mais, grâce aux appointements que me fait payer Votre Majesté, je suis riche. Quant à l'opération dont vous voulez bien vous inquiéter, sire, si vous voulez me le permettre, je ne m'en rapporterai qu'à moi de la préparer et de l'exécuter. Je me défie de tous vos fondeurs de France; non pas que ce ne soient d'habiles gens, mais j'aurais peur que, par esprit national, ils ne voulussent pas mettre cette habileté au service d'un artiste ultramontain. Et je vous l'avoue, sire, j'attache une trop grande importance à la réussite de mon Jupiter, pour permettre qu'un autre que moi y mette la main.

— Bravo, Cellini, bravo, dit le roi, voilà qui est parler en véritable artiste.

— Puis, ajouta Benvenuto, je veux

avoir le droit de réclamer la promesse que Sa Majesté m'a faite.

— C'est juste, mon féal. Si nous sommes content, nous devons vous octroyer un don. Nous ne l'avons pas oublié. D'ailleurs, si nous l'oubliions, nous nous sommes engagé en présence de témoins. N'est-ce pas, Montmorency? N'est-ce pas, Poyet? Et notre connétable et notre chancelier nous rappelleraient notre parole.

— Oh! c'est que Votre Majesté ne peut deviner de quel prix cette parole est devenue pour moi depuis le jour où elle m'a été donnée par elle.

— Eh bien, elle sera tenue, monsieur, elle sera tenue. Mais la salle s'ouvre. A table, messieurs, à table!

Et François Ier, se rapprochant de Charles-Quint, prit avec l'empereur la tête du cortége que formaient les illustres convives. Les deux battants de la porte étant ouverts, les deux souverains entrèrent en même temps et se placèrent l'un en face de l'autre, Charles-Quint entre Éléonore et madame d'Étampes, François Ier entre Catherine de Médicis et Marguerite de Navarre.

Le repas fut gai et la chère exquise. François Ier, dans sa sphère de plaisirs, de fêtes et de représentations, s'amusait comme un roi et riait comme un vilain de tous les contes que lui faisait Marguerite de Navarre; Charles-Quint, de son côté, accablait madame d'Étampes de complimens et de prévenances; tous les autres parlaient arts, politique; le repas s'écoula ainsi.

Au dessert, comme d'habitude, les pages apportèrent à laver; alors madame d'Étampes prit l'aiguière et le bassin d'or destinés à Charles-Quint, des mains du serviteur qui l'apportait, comme fit Marguerite de Navarre pour François Ier, versa l'eau que contenait l'aiguière dans le bassin, et mettant un genou en terre, selon l'étiquette espagnole, présenta le bassin à l'empereur. Celui-ci y trempa le bout des doigts et, tout en regardant sa belle et noble servante, il laissa, en souriant, tomber au fond du vase la bague précieuse dont nous avons déjà parlé.

— Votre Majesté perd sa bague, dit Anne plongeant à son tour ses jolis doigts dans l'eau, et prenant délicatement le bijou, qu'elle présenta à Charles-Quint :

— Gardez cette bague, madame, répondit à voix basse l'empereur : elle est en de trop belles et trop nobles mains pour que je la reprenne; puis il ajouta plus bas encore : C'est un à-compte sur le duché de Milan.

La duchesse sourit et se tut. Le caillou était tombé à ses pieds, seulement le caillou valait un million.

Au moment où l'on passait de la salle à manger au salon et du salon à la salle de bal, madame d'Étampes arrêta Benvenuto Cellini, que la foule avait amené près d'elle.

— Messire Cellini, dit la duchesse en

lui remettant la bague gage d'alliance entre elle et l'empereur, voici un diamant que vous ferez, s'il vous plaît, tenir à votre élève Ascanio pour qu'il en couronne mon lis : c'est la goutte de rosée que je lui ai promise.

— Et elle est tombée véritablement des doigts de l'Aurore, madame, répondit l'artiste avec un sourire railleur et une galanterie affectée.

Puis regardant la bague, il tressaillit d'aise ; car il reconnut le diamant qu'il avait monté autrefois pour le pape Clément VII, et qu'il avait porté lui-même de la part du souverain pontife au sublime empereur.

Pour que Charles-Quint se défît d'un pareil bijou et surtout en faveur d'une femme, il fallait nécessairement qu'il y eût quelque connivence occulte, quelque traité secret, quelque alliance obscure entre madame d'Étampes et l'empereur.

Tandis que Charles-Quint continue de passer à Fontainebleau ses jours et surtout ses nuits dans les alternatives d'angoisses et de confiance que nous avons essayé de décrire, tandis qu'il ruse, intrigue, creuse, mine, promet, se dédit, promet encore, jetons un coup d'œil sur le Grand-Nesle et voyons s'il ne se passe rien de nouveau parmi ceux de ses habitants qui y sont restés.

CHAPITRE IX.

LE MOINE BOURRU.

Toute la colonie était en révolution. Le moine bourru, ce vieil hôte fantastique du couvent sur les ruines duquel s'était élevé le palais d'Amaury, revenait depuis trois ou quatre jours. Dame Perrine l'avait vu se promenant la nuit dans les jardins du Grand-Nesle, vêtu de sa longue robe blanche et marchant d'un pas qui ne laissait aucune trace sur le sol et n'éveillait aucun bruit dans l'air.

Comment dame Perrine, qui habitait le Petit-Nesle, avait-elle vu le moine bourru se promener à trois heures du matin dans le jardin du Grand-Nesle? C'est ce que nous ne pouvons dire qu'en commettant une affreuse indiscrétion; mais nous sommes historien avant tout, et nos lecteurs ont droit de connaître les détails les plus secrets de la vie des personnages que nous avons mis en scène, surtout quand ces détails doivent jeter un jour si lumineux sur la suite de notre histoire.

Dame Perrine, par la disparition de

Colombe, par la retraite de Pulchérie devenue désormais inutile, et par le départ du prévôt, était restée maîtresse absolue du Petit-Nesle, car, ainsi que nous l'avons dit, le jardinier Raimbaut, par mesure d'économie, n'avait été, ainsi que ses aides, engagé au service de messire d'Estourville qu'à la journée seulement. Dame Perrine se trouvait donc reine absolue du Petit-Nesle, mais en même temps reine solitaire; de sorte qu'elle s'ennuyait toute la journée et mourait de peur toute la nuit.

Or elle avisa qu'il y avait pour la journée du moins remède à ce malheur : ses relations amicales avec dame Ruperte lui ouvraient les portes du Petit-Nesle. Elle demanda la permission de fréquenter ses voisines, et la permission lui fut accordée avec empressement.

Mais en fréquentant les voisines, dame Perrine se trouvait naturellement en contact avec les voisins. Dame Perrine était une grosse mère de trente-six ans, qui s'en donnait vingt-neuf. Grosse, grasse, dodue, fraîche encore, avenante toujours, son entrée devait faire événement dans l'atelier où forgeaient, taillaient, limaient, martelaient, ciselaient dix ou douze compagnons, bons vivants, aimant le jeu le dimanche, le vin les dimanches et les fêtes, et le beau sexe toujours. Aussi, trois de nos vieilles connaissances, au bout de trois ou quatre jours, étaient-elles atteintes du même trait.

C'étaient le petit Jehan,

Simon-le-Gaucher,

L'Allemand Hermann.

Quant à Ascanio, à Jacques Aubry et à Pagolo, ils avaient échappé au charme, engagés qu'ils étaient ailleurs.

Le reste des compagnons pouvait bien avoir ressenti quelques étincelles de ce feu grégeois, mais sans doute ils se rendirent compte à eux-mêmes de leur position inférieure et versèrent, avant qu'elles ne devinssent un incendie, l'eau de leur humilité sur ces premières étincelles.

Le petit Jehan aimait à la manière de Chérubin, c'est-à-dire qu'il était avant tout amoureux de l'amour. Dame Perrine, comme on le comprend bien, était une femme d'un trop grand sens pour répondre à un pareil feu follet.

Simon-le-Gaucher offrait un avenir plus certain et promettait une flamme plus durable, mais dame Perrine était une personne fort superstitieuse. Elle avait toujours reconnu que la main droite était la main nécessaire, utile et familière de l'homme, et que la main gauche n'avait été créée que pour regarder faire sa compagne et lui prêter seulement aide et secours en cas de besoin; or, chez Simon c'était tout le contraire, la main gauche agissait sans cesse et la main droite se reposait éternellement, surtout depuis que l'héroïque parent du sacristain des Grands-Augustins avait été blessé à la main droite au siége de l'hôtel.

Dame Perrine avait fait faire à Simon le signe de la croix de la main gauche; elle songeait qu'il serait forcé de signer à son contrat de mariage de la main gauche. Et dame Perrine était convaincue qu'un signe de la croix exécuté de la main gauche était plutôt fait pour perdre que pour sauver une âme, de même qu'on ne lui eût pas persuadé qu'un contrat de mariage signé de la main gauche pouvait faire autre chose que deux malheureux. Dame Perrine, sans rien dire des causes de sa répugnance, avait donc reçu les premières ouvertures de Simon-le-Gaucher de manière à lui ôter toute espérance pour l'avenir.

Restait Hermann. Oh! Hermann, c'était autre chose.

Hermann n'était point un muguet

comme le petit Jehan, ni un disgracié de la nature comme Simon-le-Gaucher; Hermann avait dans toute sa personne quelque chose d'honnête, de candide, qui plaisait au cœur de dame Perrine. De plus, Hermann, au lieu d'avoir la main gauche à droite et la main droite à gauche, se servait si énergiquement de l'une et de l'autre, qu'il semblait avoir deux mains droites. C'était de plus un homme magnifique, selon toutes les idées vulgaires. Hermann, comme nous l'avons dit, avait cinq pieds dix pouces. Hermann, comme nous l'avons vu, était d'une force herculéenne, et la femme est naturellement un être si faible qu'elle apprécie au plus haut degré dans un autre sexe la force qui manque au sien. Dame Perrine avait donc fixé son choix sur Hermann.

Mais, comme on le sait, Hermann était d'une naïveté céladonique. Il en résulta que les premières batteries de dame Perrine, c'est-à-dire les minauderies, les froncements de bouche, les tournements de regard échouèrent complétement contre la timidité native de l'honnête Allemand. Il se contentait de regarder dame Perrine de ses gros yeux ; mais, comme les aveugles de l'Évangile, *oculos habebat et non videbat,* ou s'il voyait, c'était tout l'ensemble de la digne gouvernante, sans remarquer en rien les détails. Dame Perrine proposa alors des promenades, soit sur le quai des Augustins, soit dans les jardins du Grand et du Petit-Nesle, et dans chaque promenade elle choisit Hermann pour son chevalier, cela rendait Hermann fort heureux intérieurement. Son gros cœur tudesque battait cinq ou six pulsations de plus à la minute quand dame Perrine s'appuyait sur son bras ; mais, soit qu'il éprouvât quelque difficulté à prononcer la langue française, soit qu'il eût un plus grand plaisir à entendre parler l'objet de ses secrètes pensées, dame Perrine en tirait rarement autre chose que ces deux phrases sacramentelles : « Ponchour, matemoizelle ; et : Atieu, matemoizelle, » qu'Hermann prononçait généralement à deux heures de distance l'une de l'autre, la première en prenant le bras de dame Perrine, la seconde en le quittant. Or, quoique ce titre de mademoiselle fût une immense flatterie pour dame Perrine, et quoiqu'il y eût quelque chose de bien agréable à parler deux heures entières sans crainte d'être interrompue, dame Perrine eût désiré que son monologue fût au moins interrompu par quelques interjections qui pussent lui donner une idée statistique des progrès qu'elle faisait dans le cœur de son muet promeneur.

Mais ces progrès, pour ne pas s'exprimer par la parole ou pour ne pas se traduire par la physionomie, n'en étaient par moins réels ; le foyer brûlait au cœur de l'honnête Allemand et, attisé tous les jours par la présence de dame Perrine, devenait un véritable volcan. Hermann commençait à s'apercevoir enfin de la préférence que lui accordait dame Perrine, et il n'attendait qu'un peu plus de certitude pour se déclarer. Dame Perrine comprit cette hésitation. Un soir, en le quittant à la porte du Petit-Nesle, elle le vit si agité, qu'elle crut véritablement faire une bonne œuvre en lui serrant la main. Hermann, transporté de joie, répondit à la démonstration par une démonstration pareille; mais, à son grand étonnement, dame Perrine jeta un cri formidable. Hermann, dans son délire, n'avait pas mesuré sa pression. Il avait cru que plus il serrerait fort, plus il donnerait une idée exacte de la violence de son amour, et il avait failli écraser la main de la pauvre gouvernante.

Au cri qu'elle poussa, Hermann demeura stupéfait; mais dame Perrine, craignant de le décourager au moment où il venait de risquer sa première tentative, prit sur elle de sourire, et décollant ses doigts, momentanément palmés : — Ce n'est rien, dit-elle, ce n'est rien, mon cher monsieur Hermann; ce n'est rien, absolument rien.

— Mille bartons, matemoizelle Berrine, dit l'Allemand, mais c'être que ch'aime vous peaucoup fort, et che vous ai zerrée comme che vous aime. Mille bartons !

— Il n'y a pas de quoi, monsieur Hermann, il n'y a pas de quoi. Votre amour, je l'espère, est un amour honnête et dont une femme n'a point à rougir ?

— O Tieu ! ô Tieu ! dit Hermann, che crois pien, matemoizelle Berrine, qu'il est honnête, mon amour : seulement, che n'ai bas encore osé vous en barler ; mais, buisque le mot est lâché, che vous aime, che vous aime, che vous aime beaucoup fort, matemoiselle Berrine.

— Et moi, monsieur Hermann, dit dame Perrine en minaudant, je crois pouvoir vous dire, car je vous crois un brave jeune homme, incapable de compromettre une pauvre femme, que..... Mon Dieu! comment dirai-je cela?

— Oh! tites! tites! s'ecria Hermann.

— Eh bien! que..... Oh! j'ai tort de vous l'avouer!

— Nein, nein! vous bas avre dort! Tites, tites!

— Eh bien! je vous avoue que je ne suis pas restée indifférente à votre passion.

— Sacrament! s'écria l'Allemand au comble de la joie.

— Oh! mon Dieu! mon Dieu! qu

faites-vous donc, monsieur Hermann? murmura dame Perrine, que voulez-vous, que faites-vous, que voulez-vous?

— Che feux brendre un betit paiser, jen feux brendre teux, jen feux brendre trois, jen feux brendre toujours! s'écria Hermann passant de la joie au délire et de la crainte à la témérité.

Le feu avait gagné la poudre, le volcan était en éruption; dame Perrine, en croyant attiser la flamme, avait allumé l'incendie : comme Sémélé, elle avait voulu voir Jupiter dans toute sa gloire et dans toute sa puissance; comme Sémélé, elle fut dévorée par la foudre que le dieu lui-même n'était plus maître de contenir.

Hermann était entré au Petit-Nesle

comme Bréant de Boisguilbert était entré chez lady Rowna, il en sortit comme Roméo sortait de chez Juliette.

Or, un soir qu'à la suite d'une promenade la Juliette du Petit-Nesle avait reconduit son Roméo jusqu'au perron du Grand, elle aperçut, en revenant seule et en passant devant la porte du jardin, la blanche apparition que nous avons racontée, et qui, selon l'avis de la digne gouvernante, ne pouvait être autre que celle du moine bourru. Il est inutile de dire que dame Perrine était rentrée mourante de peur et s'était barricadée dans sa chambre.

Le lendemain dès le matin, tout l'atelier fut instruit de la vision nocturne. Seulement dame Perrine raconta le fait simple, jugeant inutile de s'appesantir sur les détails.

Le moine bourru lui était apparu, voilà tout. On eut beau la questionner, on n'en put pas tirer autre chose.

Toute la journée il ne fut question au Grand-Nesle que du moine bourru. Les uns croyaient à l'apparition du fantôme, les autres s'en moquaient. On remarqua qu'Ascanio avait pris parti contre la vision et s'était fait chef des incrédules.

Le parti des incrédules se composait du petit Jehan, de Simon-le-Gaucher, de Jacques Aubry et d'Ascanio.

Le parti des croyants se composait de dame Ruperte, de Scozzone, de Pagolo et d'Hermann.

Le soir on se réunit dans la seconde cour du Petit-Nesle. Dame Perrine, interrogée le matin sur l'origine du moine bourru, avait demandé toute la journée pour rassembler ses souvenirs, et, la nuit venue, elle avait déclaré qu'elle était prête à raconter cette terrible légende. Dame Perrine connaissait sa mise en scène comme un dramaturge moderne; et elle savait qu'une histoire de revenant perd tout son effet racontée à la lumière du soleil, tandis qu'au contraire l'effet de la narration se double dans l'obscurité.

Son auditoire se composait d'Hermann, qui était assis à sa droite; de dame Ruperte, qui était assise à sa gauche; de Pagolo et de Scozzone, qui étaient assis à côté l'un de l'autre; et de Jacques Aubry, qui était couché sur l'herbe entre ses deux amis, le petit Jehan et Simon-le-Gaucher. Quant à Ascanio, il avait déclaré qu'il méprisait tellement tous ces sots contes de bonne femme qu'il ne voulait pas même les entendre.

— Ainzi, dit Hermann après un moment de silence pendant lequel chacun prenait ses petits arrangements pour écouter plus à l'aise, ainzi, matemoizelle Berrine, vous allez nous raconter l'histoire du moine pourru.

— Oui, dit dame Perrine, oui, mais je dois vous prévenir que c'est une terrible histo're qu'il ne fait pas bon peut-être de raconter à cette heure. Mais, comme nous sommes tous des personnes pieuses, quoiqu'il y ait parmi nous des incrédules, et que d'ailleurs M. Hermann est de force à mettre en fuite Satan lui-même si Satan se présentait, je vais vous raconter cette histoire.

— Barton, barton, matemoizelle Berrine, mais, si Satan fient, je tois vous tire qu'il ne faut pas gonter sur moi; je me pattrai avec tes hommes tant que vous voudrez, mais bas avec la tiable.

— Eh bien! c'est moi qui me battrai avec lui s'il vient, dame Perrine, dit Jacques Aubry, allez donc toujours et n'ayez pas peur.

— Y a-t-il un jarponnier dans votre histoire, matemoiselle Berrine? dit Hermann.

— Un charbonnier? demanda la gouvernante. Non, monsieur Hermann.

— Oh pien ! c'est écal.

— Pourquoi un charbonnier, dites?

— C'est que tans les histoires t'Allemagne il y a touchours un jarponnier. Mais n'imborte, ça doit être une pelle histoire doutte même. Allez, matemoizelle Berrine, allez.

— Sachez donc, dit dame Perrine, qu'il y avait autrefois sur l'emplacement même où nous sommes, et avant que l'hôtel de Nesle fût bâti, une communauté de moines composée des plus beaux hommes que l'on pût voir et dont le plus petit était de la taille de M. Hermann.

— Peste ! quelle communauté ! s'écria Jacques Aubry.

— Taisez-vous donc, bavard! dit Scozzone.

— Oui, daisez-vous tonc, pafard, répéta Hermann.

— Je me tais, je me tais, dit l'écolier; allez, dame Perrine.

— Le prieur, nommé Enguerrand, continua la narratrice, était surtout un homme magnifique. Ils avaient tous des barbes noires et luisantes avec des yeux noirs et étincelants, mais le prieur avait encore la barbe plus noire et les yeux plus éclatants que les autres; avec cela, les dignes frères étaient d'une piété et d'une austérité sans pareille, et possédaient une voix si harmonieuse et si douce, que l'on venait de plusieurs lieues à la ronde rien que pour les entendre chanter vêpres.

C'est du moins comme cela qu'on me l'a conté.

— Ces pauvres moines! dit Ruperte.

— C'est très-intéressant, dit Jacques Aubry.

— C'est miraculeux, dit Hermann.

— Un jour, reprit dame Perrine flattée des témoignages d'approbation que soulevait son récit, on amena au prieur un beau jeune homme qui demandait à entrer comme novice dans le couvent; il n'avait pas de barbe encore, mais il avait de grands yeux noirs comme l'ébène, et de long cheveux sombres et brillants comme du jais, de sorte qu'on l'admit sans difficulté. Le beau jeune homme dit se nommer Antonio, et demanda au prieur à être attaché à son service, ce à quoi don

Enguerrand consentit sans difficulté. Je vous parlais de voix, c'est Antonio qui avait une voix fraîche et mélodieuse! Quand on l'entendit chanter le dimanche suivant, tous les assistants furent ravis. Et cependant cette voix avait quelque chose qui vous troublait tout en vous charmant, un timbre qui éveillait dans le cœur des idées plus mondaines que célestes; mais tous les moines étaient si purs, que ce furent les seuls étrangers qui éprouvèrent cette singulière émotion. Et don Enguerrand, qui n'avait rien éprouvé de pareil à ce que nous avons dit, fut tellement enchanté de la voix d'Antonio, qu'il le chargea de chanter seul dorénavant les réponses des antiennes, alternativement avec l'orgue.

La conduite du jeune novice était d'ailleurs exemplaire, et il servait le prieur avec un zèle et une ardeur incroyables. Tout ce qu'on pouvait lui reprocher, c'étaient ses éternelles distractions ; partout et toujours, il suivait le prieur de ses yeux ardents. Don Enguerrand lui disait :

— Que regardez-vous là, Antonio?

— Je vous regarde, mon père, répondait le jeune homme.

— Regardez votre livre d'oraisons, Antonio... Que regardez-vous là?

— Vous, mon père.

— Antonio, regardez l'image de la Vierge... Que regardez-vous encore là?

— Vous, mon père.

— Regardez, Antonio, le crucifix que nous adorons.

En outre, don Enguerrand commençait à remarquer, en faisant son examen de conscience, que depuis la réception d'Antonio dans la communauté il était plus troublé qu'auparavant par les mauvaises pensées. Jamais auparavant il ne péchait plus de sept fois par jour, ce qui est, comme on sait, le compte des saints; parfois même il avait beau éplucher sa conduite de la journée, il n'y pouvait trouver, chose inouïe, que cinq ou six péchés : mais maintenant le total de ses fautes quotidiennes montait à dix, à douze, voire même quelquefois à quinze. Il essayait de se rattraper le lendemain : il priait, il jeûnait, il s'abîmait, le digne homme. Ah bien oui! peine perdue! plus il allait, plus l'addition devenait grosse. Il en était arrivé à la vingtaine. Le pauvre don Enguerrand ne savait plus où donner de la tête; il sentait qu'il se damnait malgré lui et remarquait (remarque qui en eût consolé un autre, mais qui l'épouvantait davantage) que ses plus vertueux moines étaient soumis à la même influence, influence étrange, inouïe, incompréhensible, inconnue : si bien que leur confession, qui tenait autrefois vingt minutes, une demi-heure, une heure tout au plus, prenait maintenant des heures entières. On fut obligé de retarder l'heure du souper.

Sur ces entrefaites, un grand bruit qui se faisait depuis un mois dans le pays arriva enfin jusqu'au couvent : le seigneur d'un château voisin avait perdu sa fille Antonia. Antonia était disparue un beau soir absolument comme a disparu ma pauvre Colombe : seulement, je suis sûre que ma Colombe est un ange ; tandis qu'il paraît que cette Antonia était possédée du démon. Le pauvre seigneur avait cherché par monts et par vaux la fugitive, tout comme M. le prévôt a cherché Colombe. Il ne restait plus que le couvent à visiter, et, sachant que le méchant esprit, pour mieux se dérober aux recherches, a parfois la malice de se cacher dans les monastères, il fit demander par son aumônier à don Enguerrand la permission de visiter le sien. Le prieur s'y prêta de la meilleure grâce du monde. Peut-être allait-il, grâce à cette visite, découvrir lui-même quelque chose de ce pouvoir magique qui pesait depuis un mois sur lui et sur ses compagnons. Bah! toutes les recherches furent inutiles; et le châtelain allait se retirer plus désespéré que jamais, quand tous les moines, se rendant à la chapelle pour y dire l'office du soir, vinrent à passer devant lui et don Enguerrand. Il les regardait machinalement, lorsqu'au dernier qui passa il jeta un cri en disant : « Dieu du ciel! c'est Antonia! c'est ma fille! » Antonia, car c'était elle effectivement, devint pâle comme un lis.

— Que fais-tu ici sous ces habits sacrés! continua le châtelain.

— Ce que j'y fais, mon père, dit Antonia, j'aime d'amour don Enguerrand.

— Sors de ce couvent à l'instant même, malheureuse! s'écria le seigneur.

— Je n'en sortirai que morte, mon père! répondit Antonia.

Et là-dessus, malgré les cris du châtelain, elle s'élança dans la chapelle à la suite des moines et prit place à sa stalle accoutumée. Le prieur était resté surtout comme pétrifié. Le châtelain, furieux, voulait poursuivre sa fille, mais don Enguerrand le supplia de ne pas souiller le lieu saint d'un tel scandale et d'attendre la fin de l'office. Le père y consentit et suivit don Enguerrand dans la chapelle.

On en était aux antiennes, et, semblable à la voix de Dieu, l'orgue préludait majestueusement. Un chant admirable mais ironique, mais amer, mais terrible, répondit aux sons du sublime instrument : c'était le chant d'Antonia, et tous les cœurs frissonnèrent. L'orgue reprit calme, grave, imposant, et sembla vouloir écraser par sa magnificence céleste l'aigre clameur qui l'insultait d'en bas. Aussi, comme acceptant le défi, les accents d'Antonia s'élevèrent-ils à leur tour plus désolés, plus impies que jamais. Tous les esprits attendaient éperdus ce qui allait résulter de ce formidable dialogue, de cet échange de blasphèmes et de prières, de cette lutte étrange entre Dieu et Satan, et ce fut au milieu d'un silence plein de frémissements que la musique céleste éclata comme un tonnerre, cette fois, à la fin du verset blasphémateur, et versa sur toutes les têtes inclinées, hormis une seule, les torrents de son courroux. Ce fut quelque chose de pareil à la voix foudroyante qu'entendront les coupables au jour du jugement dernier. Antonia n'en essaya pas moins de lutter encore; mais son chant ne fut cette fois qu'un cri aigu, affreux, déchirant, semblable à un rire de damné, et elle tomba pâle et roide sur le pavé de la chapelle. Quand on la releva, elle était morte.

— Jésus Maria! s'écria dame Ruperte.

—Bauvre Andonia! dit naïvement Hermann.

—Farceuse! murmura Jacques Aubry.

Quant aux autres, ils gardèrent le silence, tant même sur les incrédules avait eu de puissance le terrible récit de dame Perrine; seulement Scozzone essuya une larme et Pagolo fit le signe de la croix.

— Quand le prieur, reprit dame Perrine, vit l'envoyé du diable ainsi pulvérisé par la colère de Dieu, il se crut, le pauvre cher homme, délivré à jamais des piéges du tentateur ; mais il comptait sans son hôte, comme c'est plus que jamais le cas de le dire, puisqu'il avait eu l'imprudence de donner l'hospitalité à une possédée du démon. Aussi la nuit suivante, comme il venait à peine de s'endormir, il fut réveillé par un bruit de chaînes ; il ouvrit les yeux, les tourna instinctivement vers la porte, vit la porte tourner toute seule sur ses gonds, et en même temps un fantôme, vêtu de la robe blanche des novices, s'approcha de son lit, le prit par le bras et lui cria : « Je suis Antonia ! Antonia qui t'aime ! et Dieu m'a donné tout pouvoir sur toi, parce que tu as péché, sinon par action, du moins par pensée. » Et chaque nuit, à minuit, comme de raison, la terrible apparition revint implacable et fidèle, tant qu'à la fin don Enguerrand prit le parti de faire un pèlerinage en terre sainte et mourut par grâce spéciale de Dieu au moment où il venait de s'agenouiller devant le Saint-Sépulcre.

Mais Antonia n'était point satisfaite. Elle se rejeta alors sur tous les moines en général, et, comme il y en avait bien peu qui n'eussent point péché comme le pauvre prieur, elle vint à leur tour les visiter pendant la nuit, les réveillant brutalement et leur criant d'une voix formidable : « Je suis Antonia ! je suis Antonia qui t'aime. »

De là le nom du moine bourru.

Quand vous marcherez le soir dans la rue et qu'un capuchon gris ou blanc s'attachera à vos pas, hâtez-vous de rentrer chez vous : c'est le moine bourru qui cherche une proie.

Le couvent détruit pour faire place au château, on crut être débarrassé du moine bourru ; mais il paraît qu'il affectionne la place. A différentes époques il a reparu. Et voilà, que le Seigneur nous pardonne ! que le malheureux damné reparait encore.

— Que Dieu nous préserve de sa méchanceté !

— Amen ! dit dame Ruperte en se signant.

— Amen ! dit Hermann en frissonnant.

— Amen ! dit Jacques Aubry en riant.

Et chacun des assistants répéta Amen ! sur un ton correspondant à l'impression qu'il avait éprouvée.

FIN DU TROISIÈME VOLUME.

TABLE DES CHAPITRES.

Chap. Ier. Amour rêve 1

II. Amour idée. 25

III. Le marchand de son honneur. . . 53

IV. Quatre variétés de brigands. . . 115

V. Le songe d'une nuit d'automne. . 151

VI. Stéphana. 179

VII. Visites domiciliaires. . . . . . , 213

VIII. Charles-Quint à Fontainebleau. 251

IX. Le moine bourru 291

www.ingramcontent.com/pod-product-compliance
Lightning Source LLC
Chambersburg PA
CBHW060515170426
43199CB00011B/1459